KUH
HORN

David Hunziker

KUH HORN

Die Würde der Kuh
und die Grenzen
der industriellen
Landwirtschaft

at VERLAG

Inhalt

6   **Einleitung**

13   **Krawall, Weltschmerz, Ausstieg:**
         Wie Armin Capaul zum Hornaktivisten wurde

34   **Hornkäse, Lebenskräfte, Antennen:**
         Das Kuhhorn vermarkten und propagieren

57   **Sturköpfe, Hörnerfranken, Bundesratsbrief:**
         Die Hornkuh-Initiative und die direkte Demokratie der Schweiz

77   **Schädel, Gase, Signale:**
         Von der Wissenschaft vom Horn zur Tierwürde

101   **Freilauf, Tierschutz, «Chüenis»:**
         Die Beziehung zwischen Mensch und Kuh

115   **Hornpotenz, Nationalerotik, Fetischbauer:**
         Die Bedeutung der Schweizer Landwirtschaft

132   **Schluss:**
         Die Industrie, das Heilige und die Revolution

Einleitung

Im Nationalrat kursiert schon die Vorfreude auf eine Weltsensation. Der Sozialdemokrat Beat Jans sieht die Bilder aus der Schweiz um die Welt gehen: wunderschöne Kühe, die alle Hörner tragen. Und «die Welt» werde feststellen, dass in der Schweiz eine lebendige Demokratie herrsche. «Das wird man in Amerika, in Afrika, in Asien, auch in Russland, registrieren», vermutet Toni Brunner von der SVP. Und sein Parteikollege Hans Egloff betont die grosse Bedeutung dieses Abstimmungskampfes auch für die touristische Schweiz.

Die Erregung ist nicht zu übersehen. Es soll einer jener seltenen Momente werden, in denen die Schweiz im Mittelpunkt der Weltöffentlichkeit steht. Der Grund ist eine Volksabstimmung, wie man sie in der Schweiz und wohl auch sonstwo noch nie gesehen hat: Im November 2018 wird die Schweizer Stimmbevölkerung über die sogenannte Hornkuh-Initiative abstimmen – ein Volksbegehren, lanciert vom Bergbauern Armin Capaul, das Subventionen für behornte Kühe und Ziegen in der Bundesverfassung festschreiben will. Trotz viel Sympathie lehnen die meisten Politikerinnen und Politiker die Initiative ab – Kuhhörner gehörten nicht in die Verfassung und seien sowieso gefährliche Waffen. Doch das muss Capaul nicht weiter stören; längst hat sich seine Geschichte mit dem Mythos der direkten Demokratie der Schweiz verbunden: Ein kleiner Mann aus dem Volk steht auf und setzt sich zur Wehr gegen die politischen Institutionen in Bern. Und wer findet schon nicht, dass eine Kuh mit Hörnern schöner, stärker oder natürlicher aussieht? Ein sympathisches Anliegen, wiederholt in der Nationalratsdebatte vom Juni 2018 auch Landwirtschaftsminister Johann Schneider-Ammann. Und auf Brunners spöttische Bemerkung, der Bundesrat habe wohl nicht für möglich gehalten, dass sein Brief vom September 2014 an

Capaul solche Folgen haben würde, entgegnet dieser: «Ich würde den Brief an Herrn Capaul natürlich wieder schreiben.» Vor vier Jahren erinnerte Schneider-Ammann den Bergbauern eher floskelhaft an sein Recht, eine Initiative zu lancieren – wohl in der Hoffnung, den Störenfried damit endlich loszuwerden. Bis zu diesem Zeitpunkt hatte Capaul schon zahlreiche Mittel für sein Anliegen, dass Halterinnen und Halter von behornten Tieren für ihren Mehraufwand vom Staat unterstützt werden, mobilisiert: unzählige Briefe ans Bundesamt für Landwirtschaft und an den Bundesrat, eine Petition mit 18 000 Unterschriften aus der Bevölkerung sowie Anträge von zwei Parlamentariern, die den Hörnerbeitrag in die Verordnung über die landwirtschaftlichen Direktzahlungen einzubringen versuchten. Alles vergeblich. Doch nachtrauern wird Capaul diesen Misserfolgen kaum. Denn damit begann die Geschichte, die ihn in der Bevölkerung und in den Medien zu einem kleinen Star werden liess und ihm auch in Bern einigen Respekt einbrachte. Ohne die Unterstützung von Parteien oder grösseren Organisationen und ohne grosse finanzielle Mittel hat Capaul mit seinen Helferinnen und Helfern über 150 000 Unterschriften für sein Anliegen gesammelt. Auf rund 50 000 davon soll es Capaul allein gebracht haben. Es ist eine Geschichte, wie sie kaum ein anderes politisches System als die direkte Demokratie der Schweiz schreiben könnte – aber auch eine Geschichte, die ohne ihren kauzigen Protagonisten nicht denkbar wäre.

Zum ersten Mal habe ich über ein Video der NZZ von Armin Capaul erfahren. Darin tanzt er zu einem Gitarrensolo von Jimi Hendrix durch seinen Kuhstall im Berner Jura, im Hintergrund sieht man seine behornten Kühe. Er trägt einen farbigen Strickpullover, auf dem Kopf eine Wollmütze und in der Hand eine selbstgedrehte Zigarette. Dann sitzt er auf einer Bank im Stall und erklärt, woher die Idee für seine Initiative gekommen sei: Die Kühe hätten es ihm gesagt. Ein Jahr später wiederholt sich die Szene fast haargenau gleich in einem Beitrag des deutschen Fernsehsenders ARD. Man glaubt dem politisch kaum erfahrenen Bergbauern, wenn er sagt, er habe in seinem Leben nie einen PR-Kurs besucht – was könnten sie ihm dort auch beibringen? Zwar wirkt Capaul zunächst verschroben, wie ein Relikt aus einer vergangenen Zeit. Doch tatsächlich verkörpern er und sein politisches Anliegen Werte, die im Zeitgeist der Gegenwart auf fruchtbaren Boden stossen: Bescheidenheit, Beständigkeit, Naturverbundenheit. Capaul geniesst es, plötzlich so viel Aufmerksamkeit und Anerkennung zu erhalten. Sein ganzes Leben lang war er ein Aussenseiter und ein Querschläger gewesen, der nirgendwo so recht hineinpassen wollte. Als der Bündner sich in den sechziger Jahren die Haare wachsen liess und sich die Konflikte mit den Eltern häuften, zog er von zuhause aus und begann eine Landwirtschaftslehre in einem Vorort von Zürich. Als 1968 die Globuskrawalle losgingen, unterbrach er seine Ausbildung und beschäftigte sich in seiner Zürcher Wohngemeinschaft eine Weile lang mit der Liebe, psychedelischen Drogen und der Philosophie des nordamerikanischen Hopi-Stamms. Doch auch damit hielt er es nicht lange aus, flüchtete mit einer Buchhändlerin nach Chur und arbeitete dort ein paar Jahre als Gelegenheitshandwerker. Doch der Ausstieg sollte erst noch kommen: Nach zwei Sommern auf der Alp übernahmen er und seine jetzige Frau Claudia Anfang der achtziger Jahre ihren ersten kleinen Bauernhof. Mit konventionellen Bäuerinnen und Bauern hatten die beiden nie viel zu tun, eher noch mit der Schweizer Bergheimat, einem Verein, der kleine Biobetriebe in den Alpen unterstützt. Doch sogar dort stiessen sie mit dem Anliegen, alle Bäuerinnen und Bauern in dem Verein sollten nur noch Kühe mit

Hörnern haben, auf Ablehnung. Also wandte sich Capaul zusammen mit einem Yak-Züchter aus dem Wallis ans Bundesamt für Landwirtschaft, einige Jahre später lancierte er seine Initiative.

Doch worum geht es genau? Im März 2016 wurde die Volksinitiative «Für die Würde der landwirtschaftlichen Nutztiere», wie die Hornkuh-Initiative offiziell heisst, eingereicht. Dafür mussten die Initiantinnen und Initianten in achtzehn Monaten mindestens 100 000 Unterschriften sammeln. Die Initiative will eine Ergänzung von Artikel 104 der Bundesverfassung zur Landwirtschaft, genauer von Absatz 3 Buchstabe b. Als eine der Aufgaben des Bundes heisst es darin: «Er fördert mit wirtschaftlich lohnenden Anreizen Produktionsformen, die besonders naturnah, umwelt- und tierfreundlich sind.» Die Initiative will diesen Satz nun um folgenden Zusatz erweitern: «... dabei sorgt er insbesondere dafür, dass Halterinnen und Halter von Kühen, Zuchtstieren, Ziegen und Zuchtziegenböcken finanziell unterstützt werden, solange die ausgewachsenen Tiere Hörner tragen.» Für einen Artikel in der Bundesverfassung klingt dieser Satz natürlich viel zu spezifisch, doch es wäre nicht der erste dieser Art, der es über eine Initiative dorthin geschafft hat. Die Prognosen für die Abstimmung sind gut, Capaul ist in der Bevölkerung und bei Journalistinnen und Journalisten beliebt. Trotzdem ist die Annahme einer Volksinitiative immer ein Ereignis: Seit der Einführung dieses direktdemokratischen Instruments im Jahr 1891 hat die Schweizer Bevölkerung über 210 Initiativen abgestimmt, davon wurden erst 22 angenommen. Zehn davon seit dem Jahr 2000.

Doch die Volksinitiative ist nur ein Teil der Geschichte, die sich über das Kuhhorn erzählen lässt. Was sind überhaupt die Gründe, warum viele sagen, dass die Hörner für die Kühe so wichtig sind? Im Gespräch mit der Agronomin Anet Spengler Neff, die sich mit dem Kuhhorn auskennt wie kaum jemand in der Schweiz, werden zwar zahlreiche Funktionen der Hörner klar; aber gleichzeitig auch, dass sich die Frage, ob man den Kühen die Hörner lassen soll oder ob es geradesogut auch ohne geht, nicht auf dem Feld der Wissenschaft entscheiden lässt. Es ist für eine Bäuerin oder einen Bauern zunächst eine folgenreiche Entscheidung – der Umgang mit behornten Kühen braucht Geduld, Vorsicht und einen geeigneten Stall. Denn nur so lässt sich das Risiko, dass Menschen oder Tiere durch ein Horn verletzt werden, wirksam reduzieren.

Doch das Thema interessiert längst nicht nur Bäuerinnen und Bauern, die in ihrem Alltag direkt mit Kuhhörnern zu tun haben, sondern gerade auch Menschen, die in Städten wohnen und Kühe eher vom Wandern in den Bergen oder aus der Milchwerbung kennen. Ohne Hemmungen, dass bei einem Ja für die Initiative viel schiefgehen könnte, lassen sich allerhand Bedeutungen und sentimentale Vorstellungen mit behornten Kühen verknüpfen. Dabei gliedert sich das Kuhhorn ein in das aufgeladene Verhältnis, das die Schweiz zu ihrer Landwirtschaft pflegt. Gerade weil der hiesige Bauernstand wirtschaftlich stark an Bedeutung verloren hat, vermutet der Agrarhistoriker Peter Moser, eignet er sich so gut als Projektionsfläche für nationalistische oder ökologische Heilsfantasien. Wem das urbane Leben zu künstlich oder leistungsgetrieben erscheint, kann sich wenigstens damit trösten, dass in den Bergen ein paar Kühe stehen, deren Ursprünglichkeit von der Bundesverfassung geschützt wird. Doch man kann dieses Kuhhorn auch ganz anders verstehen: als einen Stein des Anstosses, die herrschenden Verhältnisse und die industrielle Logik in der Landwirtschaft infrage zu stellen.

> Das Kuhhorn gliedert sich ein in das aufgeladene Verhältnis, das die Schweiz zu ihrer Landwirtschaft pflegt.

Denn Kühe zu enthornen, ist für die Tiere nicht nur schmerzvoll, es ist auch ein Eingriff in ihre Würde. Wir können uns also fragen: Wenn wir die Würde von Nutztieren wirklich ernst nehmen, muss unsere Landwirtschaft dann nicht ganz anders aussehen? Im besten Fall geht es in der Debatte um das Kuhhorn also auch um eine politische Utopie.

Krawall, Weltschmerz, Ausstieg:

Wie Armin Capaul zum Hornaktivisten wurde

Krawall,
Weltschmerz,
Ausstieg

Die Geschichte der Hornkuh-Initiative, so könnte man sagen, beginnt im Winter 2007 im warmen Wasser des Thermalbads von Andeer. Das malerische, von saftigem Grasland umgebene Dorf liegt in der Bündner Viamala-Region, eine halbe Autostunde südlich von Chur. In diesem Bad sitzen der Bergbauer Armin Capaul und Martin Bienerth, der in Andeer mit seiner Frau eine Sennerei betreibt, im blubbernden Wasser nebeneinander und reden über Kuhhörner. Capaul schimpft wieder einmal über die vielen Enthornungen und drängt, es müsse in der Sache endlich etwas geschehen. Bienerth ist mit ihm einverstanden, dass die vielen Enthornungen und hornlosen Züchtungen ein grosses Problem sind, aber sein persönlicher Weg, dem Problem entgegenzuwirken, ist ein anderer. Die Wege der beiden überschneiden sich bei dem Treffen im Thermalbad nur kurz – mit Folgen allerdings, wie sich zeigen sollte.

Bienerth ist im Allgäu aufgewachsen, aber schon während seines Agronomiestudiums im deutschen Witzenhausen kam er als Älpler immer wieder ins Bündnerland. Über verschiedene Ecken in der dortigen Älpler-Szene kennen er und Capaul sich schon viele Jahre, doch näher zusammengebracht hat sie vor allem das Kuhhorn. Seit Bienerth 2001 aus Deutschland in die Schweiz gezogen ist, um in Andeer die Sennerei zu übernehmen, hat er sich beim Thema Kuhhorn zur ersten Ansprechperson im Land und zu einer der wichtigsten im deutschsprachigen Raum gemausert. Er trat in den Medien auf, schrieb Artikel und Bücher, fotografierte Kühe mit prächtigen Hörnern und vertrieb die Bilder in seinem eigenen kleinen Verlag als Postkarten. 2015 führten Maria Meyer und Bienerth in ihrer Sennerei ausserdem ein bis dahin einzigartiges Förderinstrument ein: Den Bauern, die ihnen die Milch für ihren Bergkäse liefern, bezahlen sie bis heute einen Rappen mehr pro Liter – unter der Bedingung, dass deren Kühe Hörner tragen.

Wer sich in der Schweiz mit Kuhhörnern beschäftigt, kommt an Andeer also kaum vorbei. Es überrascht daher nicht, dass Armin Capaul mit zunehmendem Interesse für das Thema auch häufiger in Andeer anzutreffen war.

Eigentlich, sagt Capaul im warmen Wasser sitzend, müsste man das Enthornen gleich ganz verbieten. Bienerth widerspricht und gibt ihm einen Ratschlag: «Ich sagte zu Armin, in der Pädagogik gebe es zwei Grundstrategien: bestrafen oder belohnen. Und wenn man etwas erreichen wolle, verspreche die zweite Strategie deutlich mehr Erfolg.» Bienerths Ratschlag bleibt bei Capaul hängen. Nicht, dass er ein Verbot von Enthornungen nun plötzlich abgelehnt hätte, doch ihm wird bewusst: Wenn sein Anliegen politisch Erfolg haben soll, ist eine Subvention für behornte Kühe wohl die klügere Strategie als ein Verbot von Enthornungen. «Wenn ich mit der Initiative ein Verbot gefordert hätte», sagt Capaul, «dann hätte schon lange jemand meinen Stall angezündet.»

«Wenn ich mit der Initiative ein Verbot gefordert hätte, hätte schon lange jemand meinen Stall angezündet.»

Eine entscheidende Idee für die Hornkuh-Initiative ist geboren; doch bis zu Capauls Entschluss, eine Volksinitiative zu lancieren, ist es noch ein weiter Weg. Um konkrete politische Schritte geht es in dem Gespräch in Andeer noch nicht. Solche hätte er Capaul auch gar nicht vorschlagen wollen, betont Bienerth. «Ich bin zwar ein durch und durch politischer Mensch, aber ich engagiere mich lieber in meinem direkten Umfeld und hoffe, dass meine Taten von dort ausstrahlen.» Er stehe natürlich voll und ganz hinter Capauls Engagement und seiner Initiative, aber für ihn persönlich seien die Hörner nicht in erster Linie ein Thema für die staatliche Politik. «Ich bin überzeugt, dass es noch viel mehr Leute gibt, die bereit wären, für Produkte aus Milch von behornten

Kühen mehr Geld zu bezahlen», sagt Bienerth. «Ich verstehe mich als Macher, der gute Produkte herstellt – in der Hoffnung, dass sie anderen auch gefallen.» Im Thermalbad von Andeer fand eine Art Wachablösung statt; bald schon wird man das Hornthema in der Schweizer Öffentlichkeit vor allem mit dem Namen Armin Capaul in Verbindung bringen. Bienerth ist ganz froh darüber, nicht mehr im Rampenlicht zu stehen. Unter dem Ansturm auf seine Person habe irgendwann der Betrieb gelitten, und Käse herzustellen, sei seine erste Priorität. «Für mich war es daher ein gefundenes Fressen, dass Armin das alles an sich genommen hat», sagt er zufrieden.

Ein wichtiger Anstoss für die Initiative kommt also aus Andeer. Um aber zu verstehen, was Armin Capaul dazu antreibt, sein Vorhaben mit der eisernen Hartnäckigkeit zu verfolgen, die man von ihm kennt, und was ihn zu dem Rebellen gemacht hat, als der er gilt, lohnt sich eine kleine Reise durch seine bewegte Biografie. Dafür mache ich mich auf den Weg in den Berner Jura, wo Claudia und Armin Capaul auf knapp tausend Meter über Meer seit 23 Jahren einen kleinen Bauernhof betreiben. Seit ihr Sohn Donat den Hof Anfang 2017 übernommen hat, kann Capaul sich voll und ganz auf seine politische Mission konzentrieren. Lebensgrundlage und Rückzugsort von der Hektik des urbanen Lebens war der Hof der Capauls schon lange, seit einigen Jahren ist er auch die Drehscheibe der IG Hornkuh und der Hornkuh-Initiative.

Am Bahnhof von Moutier wartet Capaul bereits – mit seiner Wollmütze und dem übergrossen, farbigen Strickpullover erkennt man ihn von Weitem. Er steht neben einem kleinen, etwas lottrigen Auto und raucht eine selbstgedrehte Zigarette ohne Filter. Nachdem er für ein paar Wochen Ruhe hatte, wurde er gerade wieder voll in den Alltag der parlamentarischen Politik hineingezogen. Vor zwei Wochen hat die Wirtschaftspolitische Kommission (WAK) des Nationalrats einem indirekten Gegenvorschlag zugestimmt, der die vom Initiativkomitee formulierten Bedingungen für einen Rückzug der Initiative fast vollständig erfüllt. Obwohl ein Gesetz, das die Subvention von behorntem Vieh regelt, damit in Griffnähe rückte, hatte Capaul gemischte Gefühle, als er von dem Entscheid erfuhr. «Ich war schon ziemlich überrumpelt – eigentlich freue ich mich ja auf die Abstimmung.» Er habe sich natürlich sofort gefragt, was die Politiker in Bern nun wieder im Schilde führen. «Offenbar versucht der Bauernverband, die Abstimmung zu verhindern, weil er eine Spaltung der Bauern befürchtet», murmelt Capaul in seinen Bart hinein, während er das kleine Auto aus Moutier heraus und den Hügel hinauf in Richtung Valengiron lenkt. Nach etwa fünfzehn Minuten Fahrt, wir sind jetzt auf dem Boden der Gemeinde Perrefitte, tut sich vor uns ein idyllischer kleiner Talkessel auf, in dessen Mitte das Reich der Capauls liegt. Auf siebzehn Hektaren Land halten die Capauls acht Kühe, einen Stier und zwei Rinder; dazu einige Ziegen, Schafe, Hühner und zwei Esel. «In der Stadt lenken sich die Leute mit so vielen Dingen ab», sagt Claudia Capaul, die neben der Arbeit auf dem Hof als Märchenerzählerin durchs Land zieht, ein paar Stunden später auf der Terrasse vor dem Haus. «Aber hier oben geht das nicht – hier steht man nur sich selber gegenüber.»

Als wir die gemütliche Stube des Stöcklis betreten, wo die Capauls seit ein paar Jahren wohnen, bietet Armin Capaul Kaffee und Filzfinken an. In den Kaffee gibt es Milch von den eigenen Kühen, die selbstverständlich Hörner tragen und sich ausschliesslich von Gras und Heu ernähren. «Eine bessere Qualität Milch gibt es nicht», sagt er und setzt sich auf eine Bank vor der Hauswand. Die Januarsonne ist angenehm warm und auf dem Geländer steht ein grosser Aschenbecher bereit. Doch das Gespräch wird schon bald wieder unterbrochen – ein Journalist aus der Westschweiz ist am Apparat. Er will wissen, wie die WAK des Ständerats an ihrer gestrigen Sitzung entschieden habe, ob sie der Schwesterkommission des Nationalrats gefolgt sei und dem indirekten Gegenvorschlag zugestimmt habe, und natürlich, ob Capaul nun gedenke, die Initiative zurückzuziehen. Capaul kennt das Resultat schon – die Kommission hat den indirekten Gegenvorschlag, für viele überraschend, abgelehnt. Doch er darf nichts verraten, bevor am Mittag die offizielle Medienmitteilung veröffentlicht wird. Also erklärt er dem Journalisten stattdessen, was er von der Politik in Bern hält: «Ich hatte ja keine Ahnung, was da alles auf mich zukommt – diese Spiele und Tricks. Aus einer an sich ganz einfachen Sache, dass wieder mehr Kühe ihre Hörner behalten sollen, wird nun dieses Theater gemacht. Ich finde das völlig überdimensioniert.»

Capaul geniesst die Aufmerksamkeit der Medien. In seinem Büro hat er unzählige Zeitungsartikel über sich und seine Initiative feinsäuberlich in dicken Ordnern abgelegt. An einem Dachbalken sind Visitenkarten von Journalistinnen und Journalisten befestigt, einige auch von deutschen Zeitungen oder Fernsehsendern. Er sei mit über hundertfünfzig Medienschaffenden per Du, sagt Capaul stolz. «Ich war nie in einem PR-Kurs, aber anscheinend habe ich eine Begabung dazu, mit den Medien umzugehen. Ich habe keine Angst und sage ehrlich, was ich denke. Das kommt gut an.» Doch der Rummel um seine Person findet nicht nur in den Medien statt. Ende 2017 hat die Schweizerische Post eine Sonderbriefmarke herausgegeben, auf der eine behornte Simmentalerkuh abgebildet ist. Kurze Zeit später war sie ausverkauft, allein Capaul hat 3200 davon erworben. An der letztjährigen Oltener Fasnacht machte eine Clique Capaul zu ihrem Sujet: Ein riesiger Armin Capaul und eine riesige Kuh mit Hörnern rollten als Fasnachtswagen durch die Altstadt, Capaul selbst war als Ehrengast geladen. «Genialer kann man es nicht mehr machen», sagte er sichtlich amüsiert in eine Fernsehkamera.

Mit dem Entscheid der Ständeratskommission wurde dem politischen Theater in Bern vorerst der Stecker gezogen. Damit hat das Parlament nämlich die letzte reelle Chance verpasst, die Initiative mit einem eigenen Vorschlag auszubremsen. Capaul malt sich den Abstimmungskampf sowieso schon längst in Gedanken aus: «Als ich zum ersten Mal in der Sendung ‹Arena› zu Gast war, sass ich noch in einer der hinteren Reihen – das nächste Mal stehe ich ganz vorne», sagt er in kämpferischem Ton. Besonders freut er sich darauf, mit Markus Ritter, dem Präsidenten des Schweizer Bauernverbands und einem der mächtigsten Gegner der Initiative, die Klingen zu kreuzen. In dieser Rolle sieht Capaul sich und sehen die Medien ihn am liebsten: als den kleinen Bauern, der den Mächtigen in der Schweizer Landwirtschaftspolitik die Stirn bietet; als David, der gegen Goliath kämpft; als hartnäckiger Rebell, der sich ganz seiner Mission verschrieben hat. Ein Porträt über ihn in der «Neuen Zürcher Zeitung» war schlicht mit «Der Hornkuh-Rebell» überschrieben, und in seiner E-Mail-Adresse bezeichnet er sich selber als Biorebell. «Diese Adresse gab es aber schon lange vor der Initiative», erklärt Capaul. «Sie stammt aus meiner Zeit als Delegierter im Verband Bio-Suisse, wo ich vor allem dagegen rebelliert habe, dass die so viel Geld für Werbung ausgeben.» Wenn man es nicht besser wüsste, könnte man

> «Das erste Mal in der Sendung ‹Arena› sass ich in einer der hinteren Reihen – das nächste Mal stehe ich ganz vorne.»

glauben, die Adresse sei aus Anlass der Initiative entstanden. Doch die Horn-Rebellion ist eben nur eine von vielen in Capauls Leben. Besonders eine Rebellion, es war seine erste und wichtigste, kommt bei diesem Treffen immer wieder zur Sprache: die 68er-Bewegung. «Als ich mir die grosse Ausstellung über die 68er im Historischen Museum in Bern angeschaut habe, kamen mir die Tränen. Was da alles verloren gegangen ist an dieser Bewegung!» Obwohl sie bereits fünfzig Jahre zurückliegt, fühlt Capaul sich ihr noch immer verpflichtet. Die Hornkuh-Initiative, so wird sich zeigen, ist nicht nur eine weitere rebellische Tat in seinem Leben, sie ist für ihn aufs Engste mit dem Geist von 68 verbunden.

Als Ende Juni 1968 in Zürich der Globuskrawall beginnt, der den Auftakt der 68er-Bewegung in der Schweiz markiert, ist Armin Capaul siebzehn Jahre alt und absolviert gerade eine Lehre als Landwirt in einem Vorort von Zürich. Mit Politik hatte er zu diesem Zeitpunkt noch nichts zu tun, aber die Geschehnisse in Zürich ziehen ihn magisch an. «Ich habe gesehen, wie brutal die Jugendlichen von der Polizei angegriffen wurden, und dachte: Die brauchen meine Hilfe.» Die Lehre lässt er erst einmal liegen und widmet sich der neuen Welt, die sich da gerade für ihn aufgetan hat. «Wir haben Musik gehört, getanzt, in Kommunen gewohnt und Liebe gemacht anstatt Krieg. Überall hat es gebrodelt. Wir wollten uns befreien von diesem Wirtschaftssystem, in dem wir nichts anderes machen als arbeiten und Häuschen bauen.» Aber der Spass der Jugendunruhen währt nicht lange, und Capaul hat auch eine Erklärung dafür, dass es mit der Bewegung zu Ende ging: «Die Drogen haben die 68er-Bewegung kaputt gemacht.» Den Psychologen und Hippie-Guru Timothy Leary, der damals den Konsum von psychedelischen Substanzen propagierte, nennt Capaul einen

«Schafseckel». Mit Drogen macht er Anfang der siebziger Jahre auch seine eigenen Erfahrungen. «In Zürich habe ich in einer WG gelebt, dort haben wir eine Zeit lang regelmässig mit psychedelischen Drogen wie LSD oder Meskalin experimentiert», erzählt Capaul. Im Gegensatz zu anderen hätten sie aber die Finger vom Heroin gelassen. Trotzdem stirbt einer seiner Freunde am Drogenkonsum, und auch ihm selber sei es zu der Zeit nicht gut gegangen. «Meine damalige Freundin, eine Buchhändlerin, hat mich aus dieser Situation gerettet, mit ihr bin ich nach Chur geflüchtet. Wäre sie nicht gewesen, wäre ich jetzt wohl nicht hier.» Seither habe er keine Drogen mehr angefasst. Er lehne Drogenkonsum nicht grundsätzlich ab, habe aber erkannt, dass er für die Erfüllung seines Lebenssinns keine Drogen brauche. Die Drogen kommen später noch einmal zurück in Capauls Leben, allerdings auf ganz andere Art und Weise: Auf ihrem Hof in Perrefitte nehmen die Capauls in den neunziger Jahren im Rahmen eines kantonalen Programms eine Weile lang Ex-Drogenabhängige auf. «Die Substanzen werden offenbar immer heftiger. Einmal hat einer, der kurze Zeit bei uns gewohnt hatte, mit einer Thaipille im Hirn fast unseren Stall abgefackelt.» Alles in allem läuft die Betreuung aber gut, und die Capauls können durch das Programm ein zusätzliches Einkommen erwirtschaften. Auch dank diesem ist ihr Hof heute schuldenfrei, und die Familie kann von dem kleinen Betrieb und der AHV leben.

In der Zeit nach 1968 sei er auf der Suche gewesen nach dem Sinn seines Lebens, sagt Capaul. «Das Glück klopft ja oft an die Tür, nur ist auch oft niemand zu Hause.» Darum sei es wichtig, offen zu sein. In den Drogen fand er jedenfalls nicht, was er suchte – dafür an einem anderen Ort: in der Philosophie des US-amerikanischen Hopi-Stamms. «In meinem Umfeld sind damals einige Bücher über die Hopi kursiert, meist von westlichen Journalisten geschrieben. Ich fand sofort sehr interessant, was darin stand.» Später an diesem Tag finden wir eines dieser Bücher in einem kleinen Bücherregal, das im Mansardenzimmer von Capauls Haus steht – seinem eigenen kleinen Reich, wie er sagt. *Der Untergang des weissen Mannes: Indianische Weissagungen und die Wirklichkeit* des US-amerikanischen Autors Stan Steiner, der sich in verschiedenen Büchern mit Minderheiten in den USA beschäftigte, erschien 1976 auf Englisch. Bücher wie dieses hätten sein ökologisches Bewusstsein geschärft, sagt Capaul. «Dank der Hopi habe ich verstanden, dass wir Mutter Erde, die uns ernährt, nicht zerstören dürfen, dass wir Respekt haben müssen gegenüber der Schöpfung. Auch die Tiere sind unsere Schwestern und Brüder.»

«Wir müssen Respekt haben gegenüber der Schöpfung. Auch die Tiere sind unsere Schwestern und Brüder.»

Der Untergang des weissen Mannes beginnt mit der Prophezeiung von Alvin Dashee, dem damaligen stellvertretenden Vorsitzenden der Hopi, und ist eine Art ökologische Apokalypse. Darin berichtet er, wie die Hopi zahlreiche technologische Entwicklungen der modernen Gesellschaft vorausgesehen hätten, etwa mit dem Motiv der «Grandmother Spider». Die Hopi-Prophezeiungen handeln nicht direkt von Technologie, aber sie könnten dahingehend interpretiert werden. Laut Dashee und vielen anderen Interpretationen sagen die Prophezeiungen voraus, dass sich die Menschheit mit ihrer zunehmenden Abhängigkeit von Technologie selber zerstören wird. Dashee schreibt: «Das Netz der Grandmother Spider versorgt die Welt mit Energie. Es heisst, dass all die Annehmlichkeiten unseres Lebens aus dem Netz der Grandmother Spider kommen. Sie sagen, dass ihr Netz die Flugzeuge sind, die über uns hinwegfliegen, ebenso das Erdgas, das unter unseren

Füssen in Röhren entlangläuft, die Highways, die elektrischen Übertragungsleitungen des Stromnetzes, die Kommunikationssysteme, wie zum Beispiel Rundfunk- und Fernsehwellen – all das ist das Netz der Grandmother Spider. Sie sagen, dass sie in dieses Loch blickten und ihnen war, als würden sie auf einen Bildschirm sehen. Sie sagen, dass sie noch einmal hinschauten und es brennen sahen. Sie sagen, dass das Netz der Grandmother Spider, unsere ganze Energie, in Flammen aufging!» Man könne dieses Feuer auf verschiedene Art und Weise interpretieren, schreibt Dashee, aber er sei sich sicher, dass Mutter Erde in Flammen aufgehen werde und dass dies das Ende der Menschheit in der heutigen Form bedeute. «Diese materialistisch ausgerichtete Zivilisation befindet sich auf dem Weg der Selbstzerstörung. Ich glaube, es ist ganz offensichtlich, dass wir uns in diese Richtung bewegen.»

Wenn man Capauls eigene Folksongs mit schweizerdeutschen Texten hört, die er Mitte der neunziger Jahre auf einer CD mit dem Titel *High-Two* veröffentlicht hat, dann hört man jene tiefe Melancholie über eine Welt, die aus den Fugen geraten scheint. «High-Two», so hätten ihn seine Freunde damals in Chur genannt, wegen seiner überschwänglichen Stimmung, erzählt Capaul. Im Lied «Üseri Wält», in dem Capaul sich auf der Gitarre begleitet, heisst es: «Mir läbed inere Wält, wos bald nüme gid. Denn die Wält hät nüt, wo en Mänsch drin chönnt si» (Wir leben in einer Welt, die es bald nicht mehr gibt. Denn diese Welt hat nichts, in dem ein Mensch sein könnte). Doch wenn Capaul heute von den Hopi erzählt, dann geht es nur am Rand um das Ende unserer Zivilisation und viel eher um den liebevollen Umgang mit der Natur, den er von ihnen gelernt hat. Capaul hat in den siebziger Jahren auch direkten Kontakt zu den Hopi, zum ersten Mal 1974 auf einer Reise in die USA, während der er ein Reservat besucht.

«Aber ich kann ja kein Englisch, darum habe ich das meiste aus Büchern erfahren.» In Chur angekommen, versucht Capaul die neu entdeckte Weltanschauung auch im Alpenstädtchen bekannt zu machen. Über das 1976 in Genf gegründete Internationale Komitee für die Indigenen Amerikas «Incomindios», das ursprünglich den Zweck verfolgte, indigenen Völkern einen Zugang zur UNO zu ermöglichen, organisiert Capaul in Chur zwei Vorträge von Hopi. Besonders der Besuch von Thomas Banyacya im Jahr 1980, laut Capaul damals der geistige Führer der Hopi, hinterlässt bei ihm einen bleibenden Eindruck. «Es begann schon damit, wie er anreiste: ohne Pass und nur mit ein paar psychedelischen Pilzen, worauf sie ihn am Flughafen Zürich gleich einmal einsperrten. Damit sie ihn freiliessen, mussten wir garantieren, dass er das Land wieder verlässt. Nach einem Vortrag in Zürich und einem in Chur wollte Banyacya weiter nach Italien. Auf dem Weg passierten wir die Viamalaschlucht, in der er von der Brücke hinunter Maiskörner in den Fluss streute. Er sagte, die Körner gingen nun ins Meer, dann würden sie zu den Wolken aufsteigen – mit diesem kleinen Ritual bat er um Schutz. Solche Erlebnisse sind mir total eingefahren. Dadurch habe ich erkannt, was der Spirit ist: dass alles geistig miteinander verbunden ist und dass man mit seinen Gedanken Informationen austauschen kann – ganz ohne Telefon oder Internet – und dass man so auch Dinge in der Welt bewegen kann.»

Wenn Capaul das Wort «Spirit» gebraucht, und er tut das an diesem Tag regelmässig, dann klingt es ziemlich eigenwillig, weil er es auf Schweizerdeutsch statt auf Englisch ausspricht. Er meint damit, dass sich Dinge und Ereignisse zu einem sinnvollen Ganzen fügen. Plötzlich, unser Gespräch dauert schon mehrere Stunden, fallen ihm die Blätter auf, die ich in der Hand halte und auf denen einige Fragen und Stichworte für das Gespräch notiert sind. «Willst du nicht einmal anfangen, deine Fragen zu stellen?» Ich erkläre ihm meine Methodik, dass ich bei Interviews sehr intuitiv vorgehe und meist erst gegen Schluss auf meine Notizen zurückkomme, um nachzuprüfen, ob ich nichts vergessen habe. Als Capaul antwortet, liegt ein neckischer Tonfall in seiner Stimme: «Aha, siehst du – du arbeitest ja auch mit dem Spirit.» Für Capaul ist schon die Tatsache, dass ich auf seiner Terrasse sitze und ein Buch über ihn und seine Initiative schreibe, kein Zufall. «Ich habe den Verlag, der dich geschickt hat, nicht angerufen – er kam auf mich zu. Wieso tut er das? Anscheinend muss es so sein, dass es dieses Buch gibt. Solche Dinge kommen nicht von den Menschen, sie sind geführt.»

> «Anscheinend muss es so sein, dass es dieses Buch gibt. Solche Dinge kommen nicht von den Menschen, sie sind geführt.»

Die Philosophie der Hopi ist für Capaul keine Lehre, die man aus Büchern lernen kann, sondern eine Lebensweise, die alles durchdringt, was er macht. «Schau her!» Capaul nimmt ein Papierchen und ein bisschen Tabak und dreht sich eine dicke Zigarette. «Ich drehe sie auf indianische Art: Auf beiden Seiten bleibt ein wenig Tabak übrig, den ich abreisse und wegwerfe.» Damit bedanke er sich bei der Natur, indem er ihr symbolisch etwas zurückgebe. Doch das habe er erst erkannt, als ein Hopi es ihm gesagt habe. «Man muss keine Feder auf dem Kopf tragen, um Indianer zu sein – man ist es mit der Seele. Die meisten Leute kämmen sich täglich die Haare, aber ihre Seele lassen sie verkümmern.» Seit er ihn entdeckt habe, sei er überzeugt, dass der Spirit ihn führe. «Mit zunehmendem Alter erlebe ich das immer intensiver. Wenn man über sein Unterbewusstsein Dinge wahrnimmt und Antworten findet, kann einem nichts mehr passieren.»

Besonders intensiv sei dieses Gefühl in letzter Zeit im Zusammenhang mit der Initiative gewesen. «Ich spüre, wie ich von Wesenhaften unterstützt werde», sagt Capaul. «Immer wieder geschehen Dinge, die ich mir anders nicht erklären kann.» Es ist ein bewölkter Tag im März 2016, als die Initiantinnen und Initianten die unterschriebenen Bögen für die Hornkuh-Initiative bei der Bundeskanzlei einreichen. Capaul steigt die kleine Treppe vor dem Eingang hoch und hält eine kurze Ansprache, in der er sich bedankt und stolz die Anzahl der gesammelten Unterschriften verkündet. «Genau in dem Moment, als ich anfing zu sprechen, tat sich in den Wolken ein Loch auf, und die Sonne schien mich direkt an. Kaum hatte ich fertig gesprochen, haben sich die Wolken wieder geschlossen.» Capaul hat noch weitere solcher Anekdoten zu erzählen. Zum Beispiel sei ihm erst im Nachhinein aufgefallen, dass die achtzehnmonatige Frist zum Sammeln der Unterschriften just am 23. März abgelaufen ist – am Geburtstag seiner Frau Claudia. «All diese Dinge fügen sich wie in einem Puzzle zusammen.»

Wenn Capaul von der Schöpfung spricht, dann will er damit nichts Religiöses meinen. «Kein Gott hat die Dinge erschaffen, er wurde mit der Bibel ja selber von Menschen erschaffen.» Die Schöpfung ist für ihn nicht die Kreation einer intelligenten Kraft, sondern eine Art kosmischer Sinnzusammenhang, in dem jedem existierenden Ding ein vorgeschriebener Zweck zukommt – auch den einzelnen Menschen. Einen Lebenssinn oder eine Aufgabe könne man sich daher nicht selber geben, man müsse sie finden. «Was für mich sinnvoll ist, spüre ich, während ich es mache. Es tut mir gut in der Seele. Das ist schwer zu erklären.» Seine derzeitige Aufgabe muss Capaul niemandem mehr erklären – jedenfalls habe er sich auch diese nicht selber ausgesucht. «Wenn ich im Stall bin, dann spreche ich mit meinen Kühen. Eines Tages habe ich ihnen wieder einmal davon erzählt, was ich so alles mache im Leben, da kam als Antwort eine Frage zurück: Wieso setzt du dich nicht dafür ein, dass wir unsere Hörner behalten dürfen?» Also habe er die Aufgabe angenommen. Letztlich sei es wichtig, was von einem zurückbleibe in der Welt – die Hornkuh-Initiative soll Teil seines Vermächtnisses werden. Für Capaul ist ebenfalls klar, dass hier oben in diesem ruhigen Talkessel und in sicherer Entfernung von der Stadt erst ein solch inniges Verhältnis zur Schöpfung möglich wird. «Als Bauer ist man am nächsten dran an der Schöpfung, man spürt Mutter Erde, den Boden, die Kraft der Sonne.» Als Beispiel nennt Capaul den Kreislauf des Mistführens: Er verteilt den Mist der Kühe auf der Wiese, dort gibt er den Käfern und Würmern Arbeit, die ihn zu Humus verarbeiten, aus dem wieder Gräser wachsen, die von den Kühen gefressen werden. «Als Bauer ist man mittendrin in diesen Kreisläufen. Eine solche Empfindung ist kaum möglich, wenn man auf einem asphaltierten Trottoir geht oder in einem klimatisierten Büro eingesperrt ist. Das sind alles Dinge, die uns von der Schöpfung und von uns selber entfremden.»

> «Als Bauer ist man am nächsten dran an der Schöpfung, man spürt Mutter Erde, den Boden, die Kraft der Sonne.»

So sah Armin Capaul die Landwirtschaft noch nicht, als er sich als Jugendlicher für diesen Beruf entschied. Doch ab der ersten Berührung übt sie eine grosse Faszination auf ihn aus. Ab dem Alter von zwölf Jahren verbringt er seine Ferien manchmal auf einem Bauernhof im Luzernischen Meggen. «Meinen Vater habe ich fast nie bei der Arbeit gesehen. Er war Maler und hat Häuserfassaden angestrichen – das hat mich überhaupt nicht interessiert. Aber wie dieser Bauer mit seinem Rapid Spezial herumgefahren ist, mit Inbrunst geheut und seine Kühe gefüttert hat, das hat mich enorm fasziniert. Er war ein einfacher kleiner Bauer, der sehr gläubig war und die Pille nicht gekannt hat und darum ganz viele Kinder hatte. Aber als ich ihn bei der Arbeit gesehen habe, dachte ich: Ich will auch Bauer sein.» Als Capaul sich ein paar Jahre später die Haare wachsen lässt und barfuss herumläuft, beginnen auch die heftigen Auseinandersetzungen mit seinen Eltern. Während der Lehre arbeitet Capaul für Kost und Logis auf einem Bauernhof – eine willkommene Gelegenheit, von zuhause wegzukommen. Im ersten Lehrjahr läuft es für ihn nicht besonders gut, im zweiten schon besser – dann kommt der Globuskrawall. Noch während der Jugendunruhen holt Capaul seine Lehrlingsprüfung nach – mit der Note 5 bis 6 im Handmelken, wie er betont. Einmal findet seine Mutter in seinem Zimmer einen Polizeiknüppel; weil sie Angst hat, dass man diesen bei einer Hausdurchsuchung finden könnte, wirft sie ihn panisch weg.

Nach der Flucht aus Zürich und vor den Drogen arbeitet Capaul in Chur eine Weile lang als «Heinzelmännchen», als Allroundhandwerker im Stundenlohn. «Wenn ich weitere Leute gesucht habe, ging ich einfach in eine Beiz, wo es viele Arbeitslose hatte. Ich habe ihnen fünfzehn Franken pro Stunde bezahlt, wie mir auch. Damit habe ich etwas Geld zum Leben verdient.» Während er im Sommer als Heinzelmännchen unterwegs ist, besucht Capaul zwei Winter lang die landwirtschaftliche Schule auf dem Plantahof in Landquart – 1974 hält er das Diplom als Landwirt in den Händen. Soweit läuft in Chur alles rund – bis zum nächsten Einschnitt: Die Freundin und Buchhändlerin, die ihn nach Chur geholt hat, lässt ihn nach vier Jahren sitzen. Das Paar wohnt zu der Zeit in einer Wohngemeinschaft mit einem Kollegen von Capaul, der behauptete, von seiner Familie enterbt worden zu sein, weshalb er dringend Arbeit brauche. Also beginnt er ebenfalls als Heinzelmännchen zu arbeiten. Als alle drei einmal in Luzern bei seinen Eltern zu Besuch sind, sehen sie den ganzen Luxus: teure Autos, eine riesige Villa, ein Segelboot. Mit einer Baufirma hat sein Vater viel Geld verdient. «Als der Vater dann einmal bei uns in Chur zu Besuch war, sagte er vor mir und meiner Freundin zu seinem Sohn, wenn dieser eine Ausbildung als Bauer hätte, wie ich, dann würde er ihm einen Hof bezahlen, koste es, was es wolle. Da wussten wir, dass das mit der Enterbung vorne und hinten nicht stimmte. Meine Freundin wollte damals unbedingt einen Hof, aber ich hatte kein Geld. Als ich am nächsten Tag von der Arbeit nachhause kam, lief der Plattenspieler, und in der ganzen Wohnung waren Kleider verstreut – ich fand die beiden nackt in der Badewanne. Kurze Zeit später haben sie tatsächlich zusammen einen Hof gekauft. Aber sie wurden nicht glücklich damit und haben ihn schon vor langer Zeit wieder aufgegeben.»

Ende der siebziger Jahre lernt Capaul seine jetzige Frau Claudia kennen. Beide wollen so bald wie möglich ihren eigenen Bauernhof. Doch zuerst, als Test, ob sie als Paar funktionieren, gehen sie in den Sommern 1979 und 1980 zusammen «z'Alp». «Wenn man das als Paar überlebt, sind die Chancen gross, dass es lange hält – dann kann man heiraten.» Claudia Capaul betritt gerade die Terrasse, auf der wir uns unterhalten, und muss lachen, als sie die Bemerkung ihres Mannes hört. Dann kommt sie aufs Thema zurück: In diese Zeit sei auch der Anfang der Enthornungen gefallen, erzählt sie. Auf der Alp sei ihnen das zum ersten Mal aufgefallen. «Die ersten hornlosen Rinder, die zu uns auf die Alp geschickt wurden, kamen von Höfen im Zürcher

«Die Bauern, die ihre Tiere als Erste enthornt haben, galten damals als fortschrittlich.»

Säuliamt. Diese Tiere haben sich so gestört verhalten, sie waren ständig unruhig. Doch die Bauern, die ihre Tiere als Erste enthornt haben, galten damals als fortschrittlich. Die wollten den Bündnern wohl zeigen, wie eine moderne Kuh auszusehen hat.» Doch damals hätten sie noch nicht geahnt, welche Ausmasse das einmal annehmen werde mit den Enthornungen, sagt Claudia Capaul. «Lange Zeit hatten wir sowieso andere Probleme – mit unserem eigenen Hof durchzukommen und später, hier in Perrefitte, die Schulden abzubezahlen.»

Im Frühling 1981 habe sie zu Armin gesagt: «Jetzt suchen wir uns einen eigenen Hof – oder wir trennen uns.» Armin habe immer von einem Leben als Bauer gesprochen, also habe sie ihn beim Wort genommen. Die beiden übernehmen ihre erste Pacht im bernischen Guggisberg, wo sie unter anderem René Hochuli kennen lernen, einen Kämpfer gegen die industrielle Landwirtschaft und Gründerpräsident der Vereinigung zum Schutz der kleinen und mittleren Bauern (VKMB). Hochuli und seine Vorstellung von Landwirtschaft werden für Claudia und Armin Capaul zu einem Vorbild. Nach dem Hof in Guggisberg übernehmen die beiden für acht Jahre eine weitere Pacht im bündnerischen Trans. In dieser Zeit ist Armin Capaul Mitglied im Komitee und verteilt auf der Strasse Flugblätter für Hochulis erste Volksinitiative: die Kleinbauern-Initiative. Diese wird 1983 eingereicht und kommt 1989, erst sechs Jahre später, zur Abstimmung. Sie erreicht einen Ja-Stimmenanteil von 49 Prozent; in städtischen Kantonen wird sie zum Teil deutlich angenommen, in ländlichen hingegen ebenso deutlich verworfen. Hochuli stirbt kurz vor der Abstimmung, doch die Kleinbauern-Initiative inspiriert in den folgenden Jahren eine Reihe von politischen Vorstössen, um kleinbäuerliche Strukturen in der Schweiz zu stärken.

Auch wenn sie nicht direkt auf die Stärkung solcher Strukturen abzielt, könnte man auch die Hornkuh-Initiative, die eine tierfreundliche Infrastruktur und eine intensive Beziehung zu den Tieren fördern will, in diese Tradition einreihen. «Wir hören nun immer wieder, dass unsere Initiative das gleiche Schicksal ereilen könnte wie die Kleinbauern-Initiative: dass sie von den Landkantonen abgelehnt wird und so am Ständemehr scheitert», sagt Claudia Capaul. Und Armin Capaul er wirft ein: «Die wollen uns doch nur Angst machen. Wir haben Unterschriften in allen Landesteilen gesammelt, auch viele in der Innerschweiz und der Westschweiz.» Ein Nein aus dem Kanton Graubünden würde ihn hingegen nicht überraschen. «Ich bin ja selber Bündner und weiss: Die wollen sich von niemandem etwas vorschreiben lassen. Wenn dann noch ein anderer Bündner im Rampenlicht steht, ist es umso schlimmer.» Claudia Capaul ist überzeugt: Im Kanton Graubünden ist das Thema ein besonders heisses Eisen. «Der Kanton ist noch sehr bäuerlich geprägt, und es herrscht in diesem Milieu jetzt einfach die Meinung vor, man müsse Kühe enthornen. Wenn man anders denkt, wird man ausgegrenzt.» Darum getraue sich an landwirtschaftlichen Veranstaltungen, wo sich der Mainstream der bäuerlichen Gemeinschaft treffe, kaum noch jemand, für die Initiative Partei zu ergreifen – das geschehe nur, wenn die Befürworterinnen und Befürworter unter sich seien.

Claudia Capaul betont, dieses Klima der Angst gelte in bäuerlichen Kreisen insbesondere für die Frauen. «Bei den Bauern ist die Frau halt schon weniger wert, das ist leider immer noch so. Es ist immer der Mann, der den grossen Traktor kauft oder die tollen Kühe züchtet. Ich weiss, dass bei diesem Thema viele Bäuerinnen anders denken als ihre Männer, aber sie getrauen sich nicht, auf sich selber zu hören und ihren Männern zu widersprechen.» Beim

Thema Kuhhorn sei dies besonders schade, betont Claudia Capaul, weil es den Frauen eigentlich mehr am Herzen liege. «Wir haben deutlich mehr Unterschriften von Frauen erhalten. Frauen interessieren sich generell stärker für das Thema und äussern sich häufiger dazu. Nur die Bäuerinnen schweigen – es ist eine Schande!»

Aus der Sicht des Mainstreams der Schweizer Landwirtschaft sind die Capauls Eigenbrötler und Querdenker. Mit den konventionellen Bäuerinnen und Bauern im Berner Jura haben sie kaum etwas zu tun. Mittlerweile meidet Armin Capaul sämtliche Veranstaltungen aus konventionellen Landwirtschaftskreisen, weil er gar nicht erst hofft, dass er und seine Initiative dort verstanden werden. Es gibt jedoch eine landwirtschaftliche Gemeinschaft, die ähnlich denkt wie Claudia und Armin Capaul: die Schweizer Bergheimat. Der Verein, der etwa tausendvierhundert Mitglieder zählt, erhält und fördert laut eigener Angabe «möglichst viele kleine und mittlere Bio-Bergbauernhöfe», die «Besiedelung der Bergregionen und abgelegener Randgebiete» und eine «vielfältige, ökologisch vertretbare und sozial verträgliche Landwirtschaft». Claudia Capaul war selber neun Jahre lang Präsidentin des Vereins. Als den beiden zum ersten Mal der Gedanke kommt, sich für Kühe mit Hörnern zu engagieren, denken sie: Wo wird man unser Anliegen verstehen, wenn nicht in der Bergheimat. Doch so einfach war es nicht, wie Claudia Capaul sich erinnert. «Unser Vorschlag war, dass nur noch diejenigen von der Bergheimat Geld in Form von Darlehen oder Schenkungen erhalten sollen, die ihren Kühen die Hörner lassen. Aber statt auf Unterstützung sind wir auf heftigen Widerstand gestossen. Das war für uns sehr enttäuschend, weil die Bergheimat unser wichtigster Identifikationspunkt inmitten dieser furchtbaren Landwirtschaft war, ein Ort von Gleichgesinnten.» Erst später haben sich die Ansichten in der Bergheimat verschoben, heute gehört der Verein zu den Unterstützern der Initiative. Nach jenem enttäuschenden Erlebnis habe er verstanden, dass er mit seinem Anliegen «eine Ebene höher» gehen muss, sagt Capaul. «Also habe ich zusammen mit dem Walliser Yak-Züchter Daniel Wismer beschlossen, einen Brief ans Bundesamt für Landwirtschaft zu schreiben.»

Hornkäse, Lebenskräfte, Antennen:

Das Kuhhorn vermarkten und propagieren

Die Abstimmung über die Hornkuh-Initiative könnte zu einer Weltpremiere führen: Zum ersten Mal wäre in der Verfassung eines Landes festgehalten, dass Kühe mit Hörnern finanziell zu fördern sind. Doch es gibt auch zahlreiche Menschen, Organisationen oder Orte, für die sich dadurch gar nichts ändern würde. Behornte Kühe sind für sie schon lange selbstverständlich, abseits der allgemeinen Tendenz leben sie in traditioneller Glückseligkeit mit den Hörnern oder profitieren sogar davon. Auf Urnäsch im Kanton Appenzell Ausserrhoden trifft beides zu. Das idyllische Dorf mit gut zweitausend Einwohnerinnen und Einwohnern weist den wohl höchsten Anteil behornter Kühe der Schweiz auf – nahezu hundert Prozent. Aus den traditionellen Alpfahrten sind die Hörner nicht wegzudenken, nur schon darum, weil den schönsten Tieren danach auf dem Schauplatz im Dorf ein Papierblumenkranz um die Hörner gebunden wird. Obwohl das Dorf auf den ersten Blick von der Hornkuh-Initiative profitieren könnte, soll man hier wenig halten von einer staatlichen Förderung für behornte Kühe. Tatsächlich braucht Urnäsch in dieser Sache kaum Unterstützung, denn die Appenzeller Horn-Tradition lässt sich gut vermarkten. Fast die gesamte Milch der über sechshundert Kühe im Dorf wird in der Milchspezialitäten AG verarbeitet, die den Zulieferern vorschreibt, dass ihre Milch von behornten Kühen stammen muss. Das ist nötig, um die Reinheit ihres wichtigsten Produkts zu garantieren: dem Urnäscher Hornkuhkäse. An Wettbewerben hat der Käse schon mehrere Preise gewonnen, 2016 wurde er in den USA sogar zum Vizeweltmeister gekürt. Vielleicht befürchtet man in Urnäsch, dass sich der Hornkuhkäse nicht mehr ganz so gut verkaufen liesse, wenn ein Förderbeitrag für behorntes Tiere bald Nachahmer auf den Plan rufen würde. Doch so einfach ist es nicht – den Hornkuhkäse gibt es erst seit 2012, und damit profitierte seine Vermarktung, zusammen mit anderen Vertreibern von Hornkuh-Produkten, auch von der Aufmerksamkeit, die das Thema in letzter Zeit genoss.

Das Kuhhorn, das zeigen Beispiele wie das von Urnäsch, ist längst nicht nur eine Last, die ohne staatliche Unterstützung bloss aus idealistischen Gründen oder Gewohnheit getragen würde – es lässt sich auch gut vermarkten. Das Horn muss dabei nicht zwingend die Aura einer heilen Bergwelt speisen, es kann auch Teil einer ethischen oder spirituellen Weltanschauung sein. Das trifft auf ein Label ganz besonders zu. Zwar kann man an den Anfängen seiner langen Geschichte noch kaum von Vermarktung sprechen, doch seit jeher wissen Konsumentinnen und Konsumenten: Wenn auf einem Produkt aus Kuhmilch «Demeter» draufsteht, dann stammt die Milch auch von behornten Kühen. Weil das Kuhhorn in der biodynamischen Landwirtschaft in einen grösseren Zusammenhang eingebettet ist, wird es einem da nicht so plakativ auf die Nase gebunden wie etwa mit der Reliefprägung auf dem Urnäscher Hornkuhkäse. Doch über das Demeter-Label stossen Hornmilch-Produkte in der Schweiz gerade stillschweigend in die höchste Verkaufsdimension vor: Seit zwei Jahren bauen die Supermarktketten Coop und Migros schrittweise ihr Angebot an Demeter-Produkten aus. Gut möglich, dass auch Demeter vom Hornkuh-Hype profitiert, doch davon abhängig ist die biodynamische Landwirtschaft keinesfalls. Mit seinen Ursprüngen in den zwanziger Jahren ist das nach der griechischen Fruchtbarkeitsgöttin benannte Öko-Label das älteste seiner Art. Es geht auf Ideen von Rudolf Steiner zurück, dem Begründer der Anthroposophie und Vordenker der biodynamischen Landwirtschaft, die dieser

> Das Kuhhorn ist nicht nur eine Last – es lässt sich auch gut vermarkten.

in seinem «Landwirtschaftlichen Kurs» von 1924 darlegte. In der Mitschrift dieser Vortragsreihe findet sich auch eine Passage zur Bedeutung der Hörner für die Kuh. Laut Steiner verhindern diese, dass Lebenskraft aus dem Körper der Kuh entweicht, die sie für ihre Verdauung braucht. Bis heute haben sich Steiners Ideen zum Kuhhorn in der biodynamischen Landwirtschaft gehalten – in den Demeter-Richtlinien heisst es: «Die Hörner haben bei den Wiederkäuern eine Bedeutung für den Aufbau der Lebenskräfte. Sie bilden einen Kräfte haltenden Gegenpol zu den intensiven Verdauungs- und Stoffwechselvorgängen. Sie sind Teil der Ganzheit des Kuhwesens.» Darum verbietet das Demeter-Label, Kühen die Hörner zu entfernen. Eine solche Vorschrift hat auch KAGfreiland, eine der ältesten Tierschutzorganisationen der Schweiz, eingeführt – seit 2011 dürfen keine Produkte von enthornten Tieren mehr unter dem KAGfreiland-Label vermarktet werden.

In Urnäsch geht es um Tradition in Verbindung mit geschicktem Marketing, bei Demeter und KAGfreiland um ökologische und ethische Weltanschauungen – doch beide Kuhhorn-Kulturen, wenn wir sie einmal so nennen wollen, kommen mit dem Markt gut zurecht. Ihre Produkte sind mit Werten verbunden, die – unabhängig vom Ausgang der Abstimmung über die Hornkuh-Initiative – wohl eher wichtiger als weniger wichtig werden.

Auf der Schnittstelle dieser beiden Kuhhorn-Kulturen bewegt sich der Senn Martin Bienerth, der Armin Capaul im Thermalbad von Andeer auf eine wichtige Idee für seine Initiative gebracht hat. Liebend gern hätte Bienerth das Kuhhorn vermarktet wie Urnäsch seinen Hornkuhkäse – nur liessen es die Umstände bisher nicht zu, weil er in seiner Sennereigenossenschaft im Besitz der lokalen Bauern auch die Milch von unbehornten Kühen annehmen muss. Doch Bienerth ist nicht nur ein geschickter Unternehmer; dass Kühe ihre Hörner behalten dürfen, liegt ihm schon lange persönlich am Herzen. Immer wieder traf er in seinem Leben auf Orte und Menschen, die auf irgendeine Weise mit dem Kuhhorn stark verbunden waren – seine Geschichte liest sich daher wie ein Prolog zur Debatte um das Kuhhorn. Bienerth wächst im Allgäu auf und engagiert sich dort im Bio-Ring Allgäu, der bekannt ist für seine Förderung von behornten Kühen. Sein Studium absolviert er in Witzenhausen, im Fachbereich Ökologische Agrarwissenschaften der Universität Kassel, wo in den neunziger Jahren einige der ersten Forschungen zum Umgang mit behornten Rinderherden durchgeführt wurden. Während seiner Zeit in der alternativ geprägten Bündner Älplerszene trifft er Kaspar Schuler, den Kampagnenleiter der Hornkuh-Initiative, und auch Armin Capaul. Als Bienerth und seine Frau Maria Meyer, eine der wenigen Käsemeisterinnen der Schweiz, 2001 die Sennerei in Andeer übernehmen, machen sie diese zu einem jener Orte für das Kuhhorn: Für die Milch, aus der sie ihren biologischen Käse herstellen, bezahlen sie einen Rappen mehr pro Liter, wenn die Milch von behornten Kühen stammt – den sogenannten Hörnerrappen. Bienerth hat also einiges zu berichten über die Zeit, als das Kuhhorn in der Schweiz noch keine nationalen Schlagzeilen machte und sich nur ein paar Eingefleischte damit beschäftigten.

Andeer ist eines jener Schweizer Bergdörfer, die fast zu makellos aussehen, um nicht für ein Freilichtmuseum gehalten zu werden. Das Dorf steht für diejenige Seite der Schweiz, die man auf Postkarten druckt und die Touristinnen und Touristen aus Grossstädten aufatmen lässt. Der kompakte Dorfkern ist von sattgrünem Grasland umschlossen, auf dem ein paar Bauernhöfe liegen. Biegt man von der Hauptstrasse ab in Richtung Dorfzentrum, passiert man zuerst das Thermalbad und gelangt dann auf eine schmale, gepflasterte Strasse, die von alten, prächtig verzierten Bündner Steinhäusern gesäumt ist. Doch Andeer ist nicht nur hübsch anzusehen, es wirkt auch belebt – es gibt hier eine Bäckerei, eine Metzgerei, einen Dorfladen und einen Kaminfeger. Doch am bekanntesten ist Andeer für seine Sennerei und seinen Bergkäse: «Stizun da Latg» (Milchladen) steht auf Rätoromanisch an der Wand eines stattlichen Hauses mit grünen Läden und Blumen vor den Fenstern.

Aus einem der Fenster schaut Martin Bienerth und bittet freundlich in die gemütliche Küche. Das Erste, was er mit freudiger Stimme erzählt: Er habe sich vor wenigen Tagen sein erstes Handy gekauft. Weil er ja sowieso ständig hier sei und zur Käserei schauen müsse, habe er gar nie eines gebraucht. Nun könnte man natürlich ein Bild vor sich haben von einem urchigen Senn, der abgeschnitten von den Ereignissen der Zeit seinem altertümlichen Handwerk nachgeht. Doch mit Bienerth hat dies herzlich wenig zu tun. Mit ihrem hochwertigen biologischen Bergkäse – hergestellt aus Milch von lokalen Höfen und zum grössten Teil lokal vertrieben – treffen Meyer und Bienerth mitten in den urbanen Zeitgeist. Es überrascht also kaum, dass Bienerth auch für ein anderes Thema einen Riecher hatte, das in der urbanen Schweiz gerade aktuell ist: das Kuhhorn. Weil die Städter auf dieses Thema vor allem emotional reagieren, gibt er der Hornkuh-Initiative gute Chancen. «Ich sehe es immer wieder bei den Leuten aus dem Unterland, die hier Ferien machen und zu mir in den Laden kommen – sie machen Komplimente für die schönen, behornten Kühe auf den Weiden vor dem Dorf.» Es sei gut möglich, dass er in letzter Zeit häufiger auf die behornten

> **Mit ihrem hochwertigen biologischen Bergkäse treffen Meyer und Bienerth mitten in den urbanen Zeitgeist.**

Kühe von Andeer angesprochen werde, überlegt er, aber es sei heute zum Glück alles anders als damals. Über das Kuhhorn hat Bienerth schon eine Weile nicht mehr Auskunft gegeben, doch vorbereitet ist er noch immer ausgezeichnet. Er verschwindet kurz und kommt mit einem grossen Stapel zurück: mit zwei Büchern über die Alp, die er selber geschrieben hat, zwei Dokumentarfilmen über Andeer und die Sennerei sowie zwei grossen Ordnern voll Material zum Kuhhorn. Es sind Zeugnisse aus der Zeit, als Bienerth die erste Ansprechperson für das Thema Kuhhorn im Land war. Da bleibt auch die eine oder andere Geschichte zurück.

So kommt es, dass eines Tages der Abt des Klosters Disentis auf der Eckbank in Bienerths Küche sitzt, begleitet von zwei Ordensbrüdern. Das Kloster verfügt über einen Bauernhof, dessen Kuhstall 2006 von einem Feuer komplett zerstört wurde. Der ehemalige Pächter des Hofs erfährt über die Medien von Bienerth und seinem Engagement für behornte Kühe und kommt sofort auf die Idee, eine behornte Herde könnte gut zum Kloster Disentis passen. Er stellt den Kontakt zwischen Bienerth und dem Abt her, der kurze Zeit später in Andeer eintrifft. «Er interessierte sich vor allem für die psychologischen und weltanschaulichen Gründe hinter dem ganzen Hornthema», erzählt Bienerth am Küchentisch sitzend, an dem damals auch der Abt sass. «Mir wurde bald klar, dass er Argumente für behornte Kühe sammeln wollte.» Tatsächlich steht einige Zeit später ein weiterer prominenter Gast bei Bienerth in der Küche: Gion Caminada, Stararchitekt und Professor für Architektur an der ETH Zürich. Caminada, der aus dem bündnerischen Vrin stammt und schon zahlreiche Bauten im Berggebiet realisiert hat, ist mit dem Entwurf des Stalls beauftragt worden. Es sei damals noch schwieriger gewesen, an Informationen zum Bau von Ställen für horntragendes Vieh zu gelangen, sagt

Bienerth. Und so kommt es in dieser Zeit nicht selten vor, dass er auch bei Dingen um Rat gefragt wird, von denen er keine Ahnung hat. «Weil ich mich öffentlich zum Thema äusserte, dachten die Leute, ich wisse schon Bescheid, wenn es um Kuhhörner geht. Aber ich war doch nie ein Experte.» Bienerth hat die Leute jeweils zum Forschungsinstitut für biologischen Landbau (FiBL) in Frick geschickt, wenn er selber keinen Rat wusste. Er sei froh gewesen, als das FiBL 2011 das Merkblatt «Laufställe für horntragende Milchkühe» veröffentlichte. Caminada und sein Team mussten gerade noch ohne diese Hilfe auskommen – der grosszügige Stall beim Kloster Disentis aus hellem Fichtenholz aus der Region wurde 2010 fertiggestellt.

Wenn man Bienerth danach fragt, wieso Kühe ihre Hörner behalten sollen, spricht er als Erstes von ihrer Schönheit. «Wenn du jetzt sagst, das sei oberflächlich, dann frage ich dich: Wie hast du deine erste Freundin kennen gelernt? Hast du bei ihr nicht auch zuerst auf die Schönheit geachtet? Schönheit hat einen Wert, und ich möchte sie belohnen. Darum bezahlen wir mehr für die Milch, wenn sie von behornten Tieren kommt.» Diese Antwort gebe er Leuten, die sich im Thema nicht auskennen, sagt Bienerth. Gegenüber Fortgeschrittenen würde er eher argumentieren, dass die Hörner ja eine Funktion haben müssten, wenn sie die Natur schon ausgebildet habe – zum Beispiel als Verdauungsorgan. «Beim Wiederkäuen gelangen Gase aus dem Pansen in die Atemwege und zirkulieren in den Stirnhöhlen und im Horn. Dort findet nicht nur ein Gasaustausch statt, über die Gase werden auch Informationen ans Gehirn gesendet, wie lange die Kuh noch fressen und wiederkäuen muss, um genug Nährstoffe zu erhalten. Hast du dich schon einmal gefragt, wieso Kühe oft so wirken, als wären sie weggetreten? Die haben doch ständig Methan im Gehirn.» Die

Vorstellung von Kühen, die berauscht auf der Weide stehen und über ein Transmittersystem aus Gasen ihre Verdauung regulieren, ist natürlich amüsant. Doch wissenschaftlich erklären lässt sich die Funktion der Gaszirkulation im Kopf und jene der Hörner bei der Verdauung bisher nicht. Bestreiten würde das auch Bienerth nicht – doch vielleicht geht es ihm dabei sowieso um etwas anderes als harte Fakten. Die Ästhetik, so scheint es, ist für ihn nicht nur ein Wert, sondern auch eine Perspektive auf die Welt: Wenn wir die Welt entzaubern wollen, dann können wir das jederzeit tun – aber wollen wir es? Wenn es um die Frage geht, ob die Milch von behornten Kühen qualitativ besser ist, hätte Bienerth allerdings nichts einzuwenden gegen eine stichhaltige Erklärung. Die Kristallisationsmethode, die das angeblich zeigen soll, sei natürlich Pseudowissenschaft, wie er betont. Doch das seien ja auch erst die Anfänge der Forschung. «Wenn ich Milch von behornten Kühen verarbeite, merke ich selber keinen Unterschied. Dennoch bin ich überzeugt, dass sie anders ist. Ich sage nicht besser, nur anders. Vielleicht finden wir eines Tages bessere Beweise dafür – solange bleibt es ein Mysterium.» Wenn Bienerth das sagt, klingt es, als wäre er auch mit dem Mysterium ganz zufrieden.

Ob nun harte Fakten oder Mysterium, Bienerth hatte immer den Traum, die Faszination um das Kuhhorn noch stärker mit seiner Sennerei in Verbindung zu bringen. Am liebsten wäre ihm, er könnte seinen Käse als Hornkäse vermarkten; und er ist überzeugt, dass er sich dann noch besser verkaufen liesse. Doch dazu müsste die gesamte Milch für den Käse von behornten Kühen stammen – derzeit ist dies nur bei drei der fünf Zulieferbetriebe

> «Wenn ich Milch von behornten Kühen verarbeite, merke ich selber keinen Unterschied. Dennoch bin ich überzeugt, dass sie anders ist.»

der Fall. Bienerth macht keinen Hehl daraus, dass ihm die Situation nicht gefällt: «Wenn ich frei wäre, würde ich nur noch Milch von behornten Kühen annehmen, aber ich bin ja eingebettet in eine Genossenschaft. Die Milch ist einfach da, und ich muss sie nehmen.» Weil die Sennerei von Andeer im kollektiven Besitz der Bauern in der Gemeinde ist, sind Bienerth und Maria Meyer verpflichtet, ihnen die Milch abzunehmen. «Es hat mich immer traurig gemacht, dass ich die Idee mit den Hörnern darum nie ganz ausleben konnte», sagt Bienerth wehmütig. Nur das Hotel Post könne in Andeer Hornmilch anbieten, die bei einem der Bauern mit behornten Kühen vor der Auslieferung abgezweigt werde. «Bei uns geht das nicht – die ganze Milch kommt ins selbe Kessi.» Ihm gefalle die ursprüngliche Idee der Genossenschaft: dass viele sich zusammentun und sich gemeinsam einer Idee verpflichten, sagt Bienerth. «Doch die Genossenschaften entstanden aus einer Not heraus: Weil die kleinen allein nicht überlebt hätten, schlossen sie sich zusammen. Heute braucht es das nicht mehr. Weil die Bauern durch Subventionen abgesichert sind, müssen sie sich nicht mehr für die Gemeinschaft engagieren.» Um den Traum vom Hornkäse zu verwirklichen, wären die beiden also darauf angewiesen, dass alle fünf Betriebe sich freiwillig für behornte Tiere entscheiden. Vor ein paar Jahren sah es noch eher so aus, als könnte das eines Tages gelingen – vier der fünf Betriebe erhielten zwischenzeitlich den Hörnerrappen. «Dann hat ein junger Bauer einen der Höfe übernommen und leider sofort angefangen, seine Kühe zu enthornen. Ich kann ihn schon verstehen – vermutlich haben all seine Kollegen Kühe ohne Hörner, und er müsste sich ständig rechtfertigen. Vielleicht ist er einfach noch zu jung, um bei diesem Thema eine eigenständige Meinung zu haben.» Bienerth klingt eher wie ein besorgter Vater als ein Missionar, wenn er diese Geschichte erzählt. Er habe nie versucht, die Bauern in Andeer davon zu überzeugen, auf behornte Kühe umzusteigen, aber er habe immer betont, dass ihm die Sache wichtig sei. Zunächst auch mit Erfolg.

Als Bienerth und Meyer 2001 nach Andeer kommen, gibt es in der Gemeinde nur einen einzigen Betrieb mit behornten Kühen. Und obwohl es noch ein paar Jahre dauert, bis in der Sennerei der Hörnerrappen eingeführt wird, ist Andeer schon damals kein gewöhnliches Bündner Bergdorf. Das denkt sich auch der Münchner Filmemacher Bertram Verhaag, als er beschliesst, einen Dokumentarfilm über die Sennerei und die Philosophie dahinter zu drehen: «Andeer ist anders.» Für einen Kurzfilm über Kühe, in dem Bienerth zum ersten Mal öffentlich über die Hörner spricht, hat Verhaag bereits drei Jahre zuvor mit ihm gesprochen. Als Bienerth und Meyer im Jahr 2000 im Bündner Prättigau einen Sommer auf der Alp verbringen, erhalten sie Besuch von zwei Bauern aus Andeer. Die Bauern fragen, ob die beiden nicht ihre Dorfsennerei übernehmen wollten. Bienerth und Meyer, beide Älpler mit Leib und Seele, wollen ihren Lebensstil nicht einfach aufgeben und sagen zunächst ab. Doch die Bauern lassen nicht locker und können die beiden schliesslich überzeugen, den Betrieb 2001 zu übernehmen. Vor allem Maria Meyer kennt Andeer damals schon bestens, das Dorf und seine Region spielen eine wichtige Rolle in der Arbeit, mit der sie ihr Agronomiestudiums abschliesst. Darin beschäftigt sie sich mit einer einzigartigen Situation in dem Tal zwischen der Viamala-Schlucht und dem San-Bernardino-Pass, in dem auch Andeer liegt: Bereits Ende der neunziger Jahre haben sich alle Sennereien und Milchviehbetriebe in der Region dazu entschlossen, auf biologische Landwirtschaft umzusteigen. Beteiligt daran war auch die Supermarktkette Coop, die zusicherte, die Produkte aus dem Tal unter ihrem Öko-Label «Naturaplan» zu verkaufen. Andeer sticht also bereits heraus, als Bienerth und Meyer die Sennerei übernehmen – doch bald schon tragen sie auch selber dazu bei. Im Film *Andeer ist anders* sagt einer der Bauern aus dem Dorf: «Zuvor war zwar auch alles Bio, aber wir Bauern waren nur Rohstoffproduzenten. Bei Martin und Maria hingegen ist der Rohstoff das Entscheidende, es fängt für sie unten an.» Auch in der Dorfsennerei ändern sich bald einige Dinge. Entgegen der Behauptung, auf dem Land könnten Bioläden nicht überleben, und obwohl die Bevölkerung von Andeer es nicht gewohnt ist, stellen Bienerth und Meyer ihren kleinen Laden erfolgreich komplett auf Bio um. Und sie beginnen, das Käsesortiment zu verändern, vor allem immer mehr Rohmilchkäse zu produzieren. Was die Hörner angeht, tut sich gerade einiges, als der Filmemacher Verhaag in Andeer eintrifft.

Obwohl in dem Film ständig Kühe mit Hörnern zu sehen sind, wird das Thema erst gegen Schluss kurz angesprochen. Bienerth sitzt auf einer Blumenwiese und erzählt: «Milch

«Milch von behornten Kühen hat eine andere Qualität, sie hat mehr Lebendigkeit.»

von behornten Kühen hat eine andere, eine sogenannte innere Qualität, sie hat mehr Lebendigkeit.» Doch der Hörnerrappen, der aus einem Spendenfonds bezahlte Zuschuss für Milch von behornten Kühen, ist zu diesem Zeitpunkt noch nicht eingeführt. Nur die Idee dazu besteht bereits, wie wir im Film von einem verschmitzt lächelnden Bauern erfahren, der bei seinen behornten Kühen im Stall sitzt. Verhaag findet die Idee ebenfalls interessant und spricht den jungen Andeerer Bauer Rico Michael im Film darauf an. Auch ihm ist sie offenbar nicht neu, denn er hat sich bereits Gedanken dazu gemacht: «Es stachelt einen schon dazu an, gewisse Dinge zu hinterfragen, dass zum Beispiel nicht immer nur die Wirtschaftlichkeit im Vordergrund stehen muss.» Er ziehe es auch in Betracht, seinen Kühen die Hörner wachsen zu lassen, sagt Michael. In den drei Jahren, in denen Bienerth nun in Andeer sei, hätten sie schon viele Gespräche über dieses Thema geführt. «Es ist ein Prozess, es geschieht nicht von einem Tag auf den anderen.» Bienerth erinnert sich, was dann passierte: «Ohne mir etwas zu sagen, hat Rico plötzlich aufgehört, seine Kälber zu enthornen. Erst ein halbes Jahr später fiel mir auf, was da bei seinen Jungtieren aus dem Schädel wuchs, und ich sprach ihn darauf an. Er meinte, er probiere das jetzt einfach mal. Klar, am Anfang war es für ihn nicht leicht, aber er hat es bis heute durchgezogen.»

Ich treffe Rico Michael auf seinem Hof, der ausserhalb von Andeer an einem sanft abfallenden Hang liegt. Im Laufhof vor dem grossen Stall stehen einige seiner behornten Kühe, eine davon sticht aus der sonst braunen Herde heraus: eine helle Simmentaler. Sie habe es manchmal etwas schwer innerhalb der Herde, erzählt Michael. Sie werde zwar nicht verletzt, aber manchmal von den anderen Kühen gehänselt, und sei immer die letzte im Melkstand. «Ich sage immer: Kühe sind auch Rassisten.» Michael lacht. «Bei behornten Tieren ist es sicher einfacher, wenn die Herde möglichst homogen ist, also auch keine Tiere zugekauft werden.» Doch in einer Herde müsse halt eine die schwächste sein, Hörner hin oder her. Mit seiner behornten Herde hat Michael generell sehr gute Erfahrungen gemacht. «Natürlich gibt es ab und zu kleine Kratzer, oder es kann vorkommen, dass es eine Ader am Euter erwischt und etwas Blut in die Milch gelangt. Aber das ist jeweils nach zwei Tagen wieder gut. Wir hatten in den rund zehn Jahren, in denen wir nun eine behornte Herde haben, noch nie eine Verletzung, die so schwer war, dass wir den Tierarzt rufen mussten.»

Anfang der neunziger Jahre beginnt die Familie Michael damit, ihre Tiere zu enthornen. «Wir haben uns damals gar nicht viele Gedanken dazu gemacht», erzählt Rico Michael. «Wir wussten, dass wir wohl irgendwann einen Laufstall bauen würden, und es hiess, das gehe mit Hörnern nicht. Und es stimmt schon: Wenn man einen Stall hat, der die minimalen Tierschutzanforderungen erfüllt, dann geht es einfach nicht.» Es dauert noch bis 2001, als auf dem Hof ein Laufstall gebaut wird. Nach dem Wechsel auf Bio 1995 ist der Hof im Wandel, mehr Platz wird nötig. Ohne zu ahnen, was noch kommt, werden damals schon Fressgitter in den Stall eingebaut, die sich auch für behornte Tiere eignen. «Erst in den Gesprächen mit Martin und Maria begann ich mich zu fragen, warum wir überhaupt enthornen und ob es richtig ist.» Als Michael sich für die Hörner entscheidet, ist klar: Der Stall muss nochmals grösser werden, heute hat er vierzig bis fünfzig Prozent mehr Fläche als vom Tierschutzgesetz vorgeschrieben. Auch der Gang vor den Liegeboxen ist so umgebaut, dass es keine Sackgassen gibt, in denen die Tiere sich in die Enge treiben und verletzen könnten. «Nachdem wir mit dem Enthornen aufgehört hatten, dauerte es erst einmal zwei Jahre, bis die ersten Jungtiere mit Hörnern ausgewachsen waren. Und auch da war der Umgang noch völlig problemlos, weil die Jungtiere in der Hierarchie sowieso unten sind», erzählt Michael. Erst nach über zehn Jahren stirbt auf dem Hof die letzte Kuh ohne Hörner. Je mehr ältere Kühe mit Hörnern es in der Herde gibt, desto stärker sind die Hörner im Umgang zu spüren. «Bei uns wurde nie jemand durch ein Horn verletzt, aber wir mussten uns auf jeden Fall daran gewöhnen.» Den Lernenden auf seinem Hof bringe er bei, im Umgang mit den Kühen möglichst ruhig zu bleiben und klare Bewegungen zu machen. Wenn man sich einer behornten Kuh nähere, müsse man dicht an sie herantreten und am besten gleich das Horn anfassen. «Gefährlich ist, wenn man zu weit weg steht.» Wie man mit behornten Tieren umgehe, sei für ihn nicht neu gewesen, sagt Michael. «Nur eine Generation zurück, auch noch während meiner Lehre, waren Hörner ganz üblich. Aber bei den jungen Bauern gibt es heute sicher einige, die das nicht mehr kennen.» Doch eines ist Michael bei der ganzen Diskussion um die Hörner wichtig: «Ich predige nicht, dass andere behornte Tiere halten sollen. Wenn sich aber jemand dafür interessiert, dann kann ich gut zeigen, dass man damit umgehen kann. Auf jeden Fall sollte man sich nur für Hörner entscheiden, wenn man auch davon überzeugt ist – sonst kommt es nicht gut. Ich begrüsse die Hornkuh-Initiative, doch der Betrag für die behornten Tiere darf nicht so hoch sein, dass Betriebe wegen des Geldes umsteigen – das wäre schlecht für die Tiere.»

Im Gegensatz zu Rico Michael wächst Martin Bienerth nicht auf einem Bauernhof auf und muss zuerst einmal am eigenen Leib erleben, dass der Umgang mit behornten Tieren auch seine Tücken hat. Ab seinem zwanzigsten Lebensjahr verbringt er jeden Sommer auf der Alp. Über die Erfahrungen mit den Hörnern, die er dabei gemacht hat, berichtet er in einem Büchlein mit dem Titel *Die Kuh und ihre Hörner*, das der Arbeitskreis horntragende Kühe des Bio-Ring Allgäu erstmals 1999 veröffentlicht. Der Bio-Ring Allgäu setzt sich schon in den neunziger Jahren dafür ein, dass es wieder mehr Kühe mit Hörnern gibt; um den Austausch unter Gleichgesinnten zu fördern, sind in jenem Büchlein zahlreiche Berichte über Erfahrungen mit Hörnern zusammengetragen. In seinem Bericht erzählt Bienerth, wie er mit gut zwanzig Jahren zum ersten Mal auf eine Milchkuhalp geht – eine in den Bündner Bergen mit achtzig Milchkühen. «Bereits nach drei Wochen erlitt ich die ersten schmerzhaften Berührungen mit einem Kuhhorn. Mir wurde beim Einstallen eine Rippe eingedrückt, meine Arbeitsfähigkeit war vier

Wochen lang eingeschränkt.» In den zwei Jahren danach folgen weitere Verletzungen: eine angebrochene Rippe, eine gebrochene Rippe, kleine Blutungen im Mund- und Nasenraum. «Ich stammte eben nicht aus der Landwirtschaft, und Kühe mit ihren Hörnern waren mir fremd.» Doch in den folgenden Jahren habe er gelernt, mit den Tieren umzugehen, schreibt Bienerth. «Stundenlang beobachtete ich die Tiere auf der Weide oder im Stall, ihre Gewohnheiten und Umgangsformen untereinander wurden mir vertraut. Ich lernte, dass Kühe Individuen sind, dass sie aber auch einem Herdentrieb folgen, dass sie ‹schlau›, aber auch scheinbar ‹dumm› sein können. Die unterschiedlichsten Charaktere begegneten mir, ich fand Zugang zum Wesen der Kuh.» Bienerth beschreibt die intensive Beziehung, die sich auf der Alp zwischen den Hirten und den Tieren aufbaue. Ständig verbringe man Zeit mit ihnen, lerne, ihr Verhalten zu lesen und zu lenken. Dass man die Tiere eben auch lenken könne, sei ganz zentral, um sie vor Gefahren zu schützen: Falsche Entscheidungen führten nicht selten zum Absturz mit schweren Verletzungen oder zum Tod einzelner Tiere. Doch mit dem Aufbau einer intensiven Beziehung sei nicht nur die Gefahr für die Tiere geringer geworden, sondern auch für ihn selbst. «Ich lernte, mit den Kühen zu gehen, ich lernte, mit ihnen umzugehen, ich lernte, sie zu berühren, ich lernte, mit ihnen auf engem Raum zu ‹tanzen›. Seit damals ist mir mit Kühen nie wieder etwas passiert, wenn man von ein paar Schwanzschlägen ins Gesicht beim Melken absieht.»

Bienerth schreibt nicht nur für das Büchlein des Bio-Ring Allgäu, während seines Studiums in Agronomie verdient er unter anderem als freier Journalist seinen Lebensunterhalt. Meistens

> «Ich lernte, mit den Kühen zu gehen, ich lernte, mit ihnen umzugehen, ich lernte, sie zu berühren, mit ihnen zu ‹tanzen›.»

geht es in seinen Artikeln um die Berglandwirtschaft, für die industrialisierte Landwirtschaft im Tal interessiert er sich weniger. Schon damals gehört es zu seiner Idee von Landwirtschaft, dass sie ökologisch, kleinteilig und lokal verwurzelt ist. Sein Studium absolviert er an einem Ort, wo solche Ideen auch wissenschaftlich untersucht und gelehrt werden: Der in Witzenhausen angesiedelte Fachbereich Ökologische Agrarwissenschaften der Universität Kassel ist der erste in Deutschland, der ausschliesslich auf ökologische Landwirtschaft ausgerichtet ist. Mittlerweile wird dort sogar biodynamische Landwirtschaft erforscht und gelehrt. Auf dem ersten Lehrstuhl für biologischen Landbau sass der Agrarwissenschaftler Hartmut Vogtmann, der an der ETH Zürich studierte und in den siebziger Jahren am Aufbau des Forschungsinstituts für biologischen Landbau (FiBL) beteiligt war. 1973 gründen Gleichgesinnte aus der landwirtschaftlichen Praxis und Wissenschaft zusammen das FiBL als private Stiftung, um die biologische Landwirtschaft mit Forschungsprojekten und Beratung zu unterstützen. Vogtmann wird 1974 der erste Leiter des Instituts, bevor es 1997 ins aargauische Frick umzieht, wo es noch heute ansässig ist. Mittlerweile gibt es auch FiBL-Ableger in Deutschland, Österreich, Frankreich und Belgien. Das Institut in Witzenhausen zieht nach dem Umstieg auf ökologischen Landbau bald weitere Öko-Wissenschaftlerinnen und -Wissenschaftler an und dementsprechend auch eine Menge alternativ denkender Studierender. In den Schweizer Bergen «z'Alp» zu gehen, liegt unter den Studierenden in Witzenhausen im Trend, als Bienerth dort studiert. «Im Juni hat sich jeweils der halbe Hörsaal geleert, weil es alle auf die Alpen zog», erinnert er sich. «Für die meisten ging es vor allem darum, in der Landwirtschaft Geld zu verdienen – viele hörten bereits nach einem Sommer wieder auf, weil ihnen die Arbeit zu streng war.» Auf der Alp habe es damals immer Platz gehabt für schräge Leute – Alternative, Landwirtschaftsneulinge, Aussteiger. «Als im Tal die Melkmaschinen eingeführt wurden, verlernten zahlreiche Bauern, mit den Händen zu melken. Auf der Alp wurde aber noch viel länger von Hand gemolken, und man fand dort plötzlich niemanden mehr, der das konnte und wollte. Also waren auf den Alpen alle willkommen, die es lernen wollten: ein paar späte 68er, Leute aus der Hausbesetzerszene in Berlin, generell aus den Städten und aus anderen Ländern. Irgendwann kamen auch die Landwirtschaftsstudenten – das war die Zeit, in der ich eingestiegen bin.»

Bis zur Übernahme der Sennerei in Andeer verbringt Bienerth insgesamt zwanzig Sommer auf der Alp, acht davon mit seiner Frau Maria. Die alternativ denkenden Älplerinnen und Älpler bilden damals im Bündnerland eine kleine Szene, die sich an regelmässigen Älplertreffen versammelt. Dort lernt Bienerth unter anderem Armin Capaul, Kaspar Schuler und den Fotografen und Buchautor Giorgio Hösli kennen. Hösli und Schuler geben 1998 das *Handbuch Alp* heraus, das bis heute als Standardwerk gilt. Bienerth hat auch sein eigenes Buchprojekt im Kopf – in seiner Diplomarbeit will er eigentlich einen Sommer von hundert Tagen auf der Alp beschreiben. «Als ich fast fertig war, kam das Angebot aus Andeer dazwischen, und ich musste abbrechen. Doch aus dem Material sind mittlerweile drei Bücher entstanden», sagt Bienerth und zeigt auf die zwei Bücher, die vor uns auf dem Küchentisch liegen. Eines davon ist ein Bildband mit seinen eigenen Fotografien – viele davon von behornten Kühen. In seinem eigenen kleinen Alpsicht Verlag vertreibt er die Fotos bis heute auch als Postkarten. Das zweite ist ein Kochbuch mit Rezepten aus den Alpen; weil Bienerth die Sachen lieber ganzheitlich als isoliert betrachtet, finden sich darin auch Texte zum Wesen der Kuh und ihren Hörnern. Einer davon endet mit einem Aufruf zu bewusstem Konsum: «Als Verbraucherinnen und Verbraucher müssen wir handeln, wir müssen Haltung und Fütterung unserer Mitgeschöpfe hinterfragen, denn einen falschen Umgang mit den uns anvertrauten Tieren bekommen wir früher oder später selbst zu spüren.» Da ist er wieder: Bienerths unternehmerischer Eifer, die Dinge lieber selber anzupacken und Gleichgesinnte zu suchen, die dafür bezahlen wollen, als sich auf staatliche Hilfe zu verlassen. Aus dieser Perspektive sei das Wichtigste nicht, ob die Initiative angenommen werde, sagt Bienerth. «Wir haben sowieso schon längst gewonnen. Armin hat so viele Leute erreicht, denen das Problem mit den Enthornungen bewusst geworden ist. Gerade auch in Deutschland und Österreich, wo die Landwirtschaftsszene sehr genau auf die Schweiz schaut.»

Eine, die Armin Capaul erreicht hat, ist die Urner Bergbäuerin Priska Welti; des Problems bewusst ist sie sich zu diesem Zeitpunkt aber schon länger. Als sie durch die Medien von Capaul und seiner Initiative erfährt, setzt sie sich kurz darauf mit ihm in Verbindung. In dem Bergbauern aus dem Berner Jura erkennt sie sofort einen Gleichgesinnten, schliesslich hat sie in ihren Vorträgen selber schon rund zehn Jahre lang erklärt, warum Kühe ihre Hörner brauchen. «Die Initiative ist eine grosse Chance, weil nun so viele Leute über das Thema diskutieren», sagt Welti im Gespräch. «Mein Ziel ist, die Bauern aufzurütteln – aber zwingen soll man niemanden. Hätte die Initiative ein Verbot gefordert, wäre unter den Bauern wohl ein Krieg ausgebrochen.» Für Welti ist das Kuhhorn schon viele Jahre ein Teil ihrer Arbeit: Zusammen mit ihrem Mann Kari hält sie behorntes Braunvieh, und in ihren Workshops und Vorträgen über Tierkommunikation geht es immer auch darum, wie Kühe über ihre Hörner besser wahrnehmen und sich ausdrücken.

Im Gespräch mit Welti wird bald klar, dass die Innerschweiz in Sachen Kuhhorn eine spezielle Region ist. Wenn man den Unterstützerinnen und Unterstützern der Hornkuh-Initiative folgt, sticht die Region als besonders aktiv heraus. 2015 gründet Welti die IG Hornkuh Uri, um Unterschriften und Spenden zu sammeln und Leute für die Hornfrage zu sensibilisieren. Kurz darauf ruft der Künstler Alfons Bürgler aus Steinen eine IG Hornkuh Schwyz ins Leben. Für die Gründung ihres Vereins wählt Welti einen symbolisch aufgeladenen Ort: das Rütli. Eigentlich passt es ganz gut zu den Innerschweizer Hornaktivistinnen und -aktivisten, das Horn mit dem mythologischen Zentrum der Schweiz in Verbindung zu bringen. Die Argumente der IG Hornkuh Uri für behornte Kühe unterscheiden sich zwar kaum von denjenigen von Capaul, doch der Hintergrund der Menschen, die in dem Verein aktiv sind, ist ein anderer. Mit den alternativ geprägten Bauernkreisen aus Alt-68ern und Aussteigern oder mit der Demeter-Bewegung haben sie wenig zu tun. Zwar hätten behornte Kühe im Kanton Uri nicht die gleiche traditionelle Bedeutung wie etwa im Simmental oder im Muotatal, sagt Welti, doch wie die Hörner zum Stier auf dem Wappen ihres Kantons gehöre auch das Kuhhorn für sie selbstverständlich zur Bergwelt, die sie seit ihrer Kindheit kennt. Sie ist sogar überzeugt, dass die Hörner insbesondere in den Alpen wichtig sind für die Tiere, um wachsamer zu sein für Gefahren. Doch wirklich bewusst wurde ihr dies erst, als sie auf eine andere Art mit ihnen zu kommunizieren begann. Wie Capaul sagt auch Welti, dass sie sich mit den Kühen auf einer tieferen Ebene verbinden könne, doch mit dieser Verbindung setzt sie sich schon lange auch systematisch auseinander. Vor etwa fünfzehn Jahren hört Welti zum

Hornkäse,
Lebenskräfte,
Antennen

ersten Mal von der Tierkommunikation, einer Methode, mit der man angeblich eine telepathische Verbindung zu Tieren herstellen kann. «Tiere antworten, wenn man ihnen Fragen stellt – das spüre ich in Form von Bildern, Worten oder starken Gefühlen. Ihre Antworten sind oft sehr weise.» Die Methode erlernte Welti in einem Kurs und begann ab 2005 damit, ihr Wissen über Tierkommunikation in Workshops und Vorträgen auch selber weiterzugeben. Ein wichtiges Thema in allen ihren Vorträgen: Warum Kühe ihre Hörner brauchen. «Im Gespräch mit den Kühen habe ich erkannt, wie wichtig die Hörner für ihre Kommunikation und Wahrnehmung sind – sie funktionieren wie Antennen. Man könnte sogar sagen, in den Hörnern steckt ein Teil ihres Urkerns, ihres individuellen Wesens.»

> «Tiere antworten, wenn man ihnen Fragen stellt – das spüre ich in Form von Bildern, Worten oder starken Gefühlen.»

Trotz dieses Bewusstseins trugen die Kühe von Priska Welti und ihrem Mann Kari nicht immer Hörner – auf Druck von aussen. Im Gegensatz zu den meisten Fällen war der Auslöser fürs Enthornen bei Weltis nicht der Bau eines Laufstalls, sondern: die Viehzucht. Kuhhörner gehörten auf dem Viehmarkt einst nicht nur zum Schönheitsideal, sie galten lange auch als Zeichen dafür, dass eine Kuh gesund, fruchtbar und leistungsfähig ist. Welti muss aus erster Hand miterleben, wie sich dies verändert. Seit 27 Jahren führen Weltis in Schattdorf südlich des Vierwaldstättersees einen kleinen Hof, auf dem sie neben zahlreichen Ziegen auch Braunvieh züchten. «Mein Mann ist ein guter Züchter, und unsere behornten Kühe erhielten auf Viehschauen sehr gute Bewertungen, manchmal haben wir auch Preise gewonnen», erzählt sie. Doch um das Jahr 2000 hätten sich die Anforderungen der Händler auf den Viehschauen verändert, behornte Kühe und Rinder seien nicht mehr gefragt gewesen. Nicht, dass man die behornten Tiere nicht mehr hätte verkaufen können, doch der Wertewandel schlägt sich bald auch im Geldwert nieder: «Es konnte schon mal vorkommen, dass man für eine Kuh tausend Franken weniger erhielt, nur weil sie Hörner trug. Ausserdem sagten uns die Händler, dass den behornten Tieren später vielleicht sowieso die Hörner abgesägt würden.» Sie und ihren Mann habe das sehr nachdenklich gestimmt, sagt Welti. «Zum einen ist es noch schlimmer, erwachsenen Tieren die Hörner abzusägen, zum anderen hatten wir ihnen die Hörner mit viel Fleiss gezogen und gepflegt.» Ein weiterer Grund für die Entscheidung zu enthornen war finanzieller Natur: Weil Weltis zu dieser Zeit gerade ihre Bergalp gekauft hatten, konnten sie es sich schlicht nicht leisten, auf die höheren Preise für ihre Tiere zu verzichten. Mittlerweile habe sich der Markt etwas entspannt und gewisse Händler würden auch wieder behornte Tiere suchen – doch diese Zeiten sind für Weltis sowieso vorbei, an den Viehschauen nehmen sie kaum mehr teil. Denn die Viehzucht habe sich zu sehr von der Natur entfernt, findet Priska Welti.

Die vier Jahre, in denen auf ihrem Hof enthornt wurde, waren für Welti keine schöne Zeit. «Wir dachten uns halt, lieber lassen wir den Kälbern die Hornanlagen ausbrennen, als die Enthornung von erwachsenen Tieren zu riskieren.» Sie hätten zuvor aber bei einem Tierarzt nachgefragt, der ihnen versicherte, dass das Enthornen für die Tiere nicht schmerzhaft sei und sie nachher umgänglicher seien. «Doch immer dann, wenn in unserem Stall die Kälber enthornt wurden, litt ich darunter. Insgeheim hoffte ich jedes Mal, dass die Sicherung im Stall rausfällt und der Tierarzt seine Arbeit nicht fortführen kann.» Ein Jahr nachdem Weltis mit dem Enthornen angefangen haben, entdeckt sie die Tierkommunikation. «Das Enthornen fand ich schon vorher schlimm, doch dadurch wurde meine Wahrnehmung noch stärker, dass die Hörner wichtig sind.» Gerade in den Bergen merke man den Unterschied zwischen hornlosen und behornten Tieren ganz deutlich. «Klar, die enthornten Tiere sind ruhiger, und es ist einfacher, mit ihnen umzugehen. Aber sie werden auch dumpfer, man kann fast sagen dümmer. Das sind nicht mehr Tiere für die Alpen, sondern fürs Flachland – angepasst an eine fabrikartige Haltung. Hier oben, wo es für sie viel mehr Gefahren gibt, müssen die Tiere wachsamer sein – die Hörner brauchen sie als Antennen.» Für Welti ist klar: Das Enthornen auf ihrem Hof muss aufhören. Also sammelt sie Beweise, um auch ihren Mann und seinen Bruder, die ebenfalls auf dem Hof arbeiten, davon zu überzeugen, wie wichtig die Hörner sind. Schliesslich setzt sie sich durch.

> «Die enthornten Tiere sind ruhiger. und es ist einfacher, mit ihnen umzugehen. Aber sie werden auch dumpfer, man kann fast sagen dümmer.»

Sturköpfe, Hörnerfranken, Bundesratsbrief:

Die Hornkuh-Initiative und die direkte Demokratie der Schweiz

Sturköpfe,
Hörnerfranken,
Bundesratsbrief

Die Hornkuh-Initiative ist eine Skurrilität, wie sie in dieser Form nur die direkte Demokratie der Schweiz hervorbringen kann. Stefan Gärtner, ehemaliger Chefredaktor der deutschen Satirezeitschrift «Titanic», machte sich in einer seiner wöchentlichen Kolumnen in der Schweizer «Wochenzeitung» (WOZ) über die Initiative lustig: IG Hornkuh, ob das ein Witz sei, als Anspielung auf das deutsche Chemieunternehmen IG Farben oder auf IG Metall, die grösste deutsche Gewerkschaft; und ob sich in der Schweiz darüber auch alle so amüsierte, oder sich da wieder einer dieser kulturellen Gräben auftue: ein Hornkuhgraben. Dass alle Stimmberechtigten eines Landes dazu aufgerufen werden, über Kuhhörner abzustimmen, ist je nach Perspektive nicht nur amüsant, man kann es streng formal gesehen auch als unsauber bezeichnen: Landwirtschaftliche Direktzahlungen für behornte Rinder und Ziegen gehören eigentlich genauso wenig in die Verfassung wie das 2009 durch eine Volksinitiative der rechtspopulistischen SVP von der Stimmbevölkerung angenommene Bauverbot für Minarette. Doch die Hornkuh-Initiative ist eine ganz andere Geschichte als die fremdenfeindlich motivierte Instrumentalisierung des «Volkswillens», aus der die finanzkräftigste Partei des Landes eine politische Strategie gemacht hat. Es war ursprünglich gar nicht das Ziel von Armin Capaul gewesen, eine Volksinitiative in die Wege zu leiten. Erst als er auf diversen anderen Wegen bei den politischen Institutionen abgeblitzt war, befolgte er einen kaum wörtlich gemeinten Ratschlag von Landwirtschaftsminister Johann Schneider-Ammann, es sei sein gutes Recht, eine Initiative zu lancieren. Das war 2014, und an diesem Punkt beginnt die Geschichte, die Capaul zu einer nationalen Kultfigur werden lässt: Der politisch wenig erfah-

> Es war ursprünglich gar nicht das Ziel von Armin Capaul, eine Volksinitiative in die Wege zu leiten.

rene Bergbauer schaffte es ohne die Unterstützung von Parteien oder Verbänden und ohne grosses Budget, zusammen mit seinen Helferinnen und Helfern über 154 000 Unterschriften zu sammeln. Das zeigt zumindest, dass sein Anliegen in der Bevölkerung auf offene Ohren stösst – mehr als in der Regierung und im Parlament jedenfalls, wo die Initiative deutlich abgelehnt wurde. Diese Konstellation stellt daher auch einen Fall dar, für den das Instrument der Volksinitiative vorgesehen ist: ein politisches Anliegen, das von einem ernst zu nehmenden Teil der Bevölkerung unterstützt wird, innerhalb der politischen Institutionen jedoch nicht thematisiert oder abgelehnt wird. Nun ist das Schweizer Initiativrecht aber nicht darauf ausgerichtet, dass möglichst viele Volksinitiativen zur Abstimmung kommen und bei deren Annahme neue Artikel in die Verfassung geschrieben werden. Abgesehen von der Hürde von 100 000 Unterschriften in achtzehn Monaten Sammelfrist, die für Einzelpersonen und kleine Gruppen mit wenig Geld beträchtlich ist, verfügt das Parlament über zwei Instrumente, eine Volksinitiative auszubremsen: den direkten Gegenentwurf und den indirekten Gegenvorschlag. Der direkte Gegenentwurf bewegt sich wie die Volksinitiative auf der Verfassungsebene. Das Parlament arbeitet dabei einen eigenen Verfassungsartikel aus, der denjenigen der Initiative im Sinn des Parlaments ersetzen soll. Der indirekte Gegenvorschlag hingegen bewegt sich auf der Gesetzesebene. Das Parlament arbeitet dabei ein Gesetz aus, das die Umsetzung des von den Initiantinnen und Initianten vorgeschlagenen Verfassungsartikels vorwegnehmen soll. In beiden Fällen kann es zum Rückzug der Initiative kommen, oder diese kommt gleichzeitig mit dem Vorschlag des Parlaments zur Abstimmung. Ob eine Initiative zurückgezogen wird, liegt in jedem Fall beim Initiativkomitee.

Capaul war sich nicht bewusst, dass diese Entscheidung auch auf ihn einmal zukommen könnte – doch im Sommer 2017 geschah genau dies. Louis Schelbert, der bis im Frühling 2018 für die Grünen im Nationalrat sass, und SP-Ständerat Roberto Zanetti hatten sich schon ein paar Jahre früher bereit erklärt, Capaul und sein Anliegen als parlamentarische Paten in ihren jeweiligen Räten zu vertreten. «Ich habe Zanetti nicht darum angerufen, weil er besonders viel mit Landwirtschaft am Hut hat oder einer bestimmten Partei angehört», sagt Capaul, «sondern weil er ein Bündner ist, wie ich auch. Wie ich vermutet hatte, haben wir uns sofort verstanden.» Schelbert und Zanetti rieten Capaul 2017, für einen indirekten Gegenvorschlag Hand zu bieten. Der Vorteil: Indem das Initiativkomitee Bedingungen formuliert, unter denen es die Initiative zurückziehen würde, kann es Einfluss auf den Gesetzgebungsprozess nehmen. Wird die Initiative jedoch von der Bevölkerung angenommen, steht zwar der vom Komitee formulierte Artikel in der Verfassung, auf die konkrete Umsetzung durch das Parlament hat es hingegen keinen Einfluss mehr. Capaul haderte, immerhin hatte er beim Besuch im Bundeshaus ein paar Monate zuvor noch erklärt, er würde seine Initiative auf keinen Fall zurückziehen. Konnte er nun einfach seine Meinung ändern und einlenken? Im November 2017 traf sich das Initiativkomitee zu einer Sitzung, an der sich die Mitglieder schnell einig wurden: Die Gelegenheit war günstig. In der Zwischenzeit hatte Capaul einen Sinneswandel durchgemacht und erkannt, dass ein anständiges Gesetz mit Hörnerbeitrag schon bald stehen könnte. Also arbeitete das Komitee rasch einen kleinen Katalog mit Bedingungen aus, unter denen es die Initiative zurückziehen würde. Zwei davon waren besonders wichtig: Erstens müssten die Tiere im nationalen RAUS-Programm angemeldet sein. Die Abkürzung

«RAUS» steht für «Regelmässiger Auslauf im Freien», und das Programm unterstützt Betriebe finanziell, deren Kühe im Sommer an mindestens 26 Tagen pro Monat auf der Weide sind und im Winter an mindestens 13 Tagen. Diese Bedingung war auch eine Reaktion auf das vom Schweizer Tierschutz (STS) vorgebrachte Argument gegen die Initiative, deren Umsetzung könne dazu führen, dass wieder mehr Tiere im Stall angebunden werden. Die zweite Bedingung: Der Hörnerbeitrag müsse mindestens so hoch sein wie der Beitrag für das RAUS-Programm, also derzeit hundertneunzig Franken pro behornte Kuh und Jahr. Louis Schelbert brachte die Bedingungen im darauffolgenden Januar in die Wirtschaftspolitische Kommission (WAK) des Nationalrats ein, die in ihrem indirekten Gegenvorschlag sämtliche Bedingungen des Komitees aufnahm – bis auf die wichtigste: die konkrete Höhe des Beitrags. Diese sollte später in einer Verordnung beziffert werden.

Für diese Version eines indirekten Gegenvorschlags hatte sich auch SVP-Nationalrat Toni Brunner eingesetzt. Als einziger bürgerlicher Politiker erklärte er öffentlich, dass er die Initiative grundsätzlich unterstütze, und zeigte sich kompromissbereit. «Das Anliegen von Armin Capaul ist ernst zu nehmen», sagte Brunner im Januar 2018 in einem Interview mit der Zeitung «Schweizer Bauer». Zwar seien dreissig Millionen Franken zu viel – so viel etwa würde ein Förderbeitrag von einem Franken pro behornte erwachsene Kuh und Tag jährlich kosten – aber zehn bis fünfzehn Millionen Franken könne er sich gut vorstellen. So viel wiederum hätte das Vorhaben gemäss dem indirekten Gegenvorschlag in Kombination mit den RAUS-Beiträgen gekostet. Das Engagement des ehemaligen SVP-Präsidenten bei diesem Thema mag zunächst überraschen, doch auf den zweiten Blick stellt es sich als geschickter Schachzug heraus. Gegenüber dem «Schweizer Bauer» äusserte

Brunner die auch vom Schweizer Bauernverband geteilte Befürchtung, eine Abstimmung über die Hornkuh-Initiative könnte die Bauernschaft spalten: «Wir dürfen keine Glaubensfrage oder gar einen Krieg unter den Bauern provozieren.» Im Fall einer Abstimmung gehe er davon aus, dass die Initiative deutlich angenommen werde. «Man spürt, dass das Anliegen in der Bevölkerung grosse Sympathien geniesst.» Brunner hatte wohl erkannt, dass diese Sympathien nicht nur in linken Teilen der Bevölkerung, sondern auch unter seiner eigenen Wählerschaft verbreitet sind. Zu diesem Schluss reicht ein kurzer Blick auf seine offizielle Facebook-Seite (aufgerufen am 7. März 2018). Das Anzeigebild zeigt Brunner neben einer seiner Kühe, einer mit Hörnern. Gleich vier der obersten fünf Kommentare loben den SVP-Nationalrat für die Hörner. «Herzlichen Dank, lieber Toni Brunner, dass Ihre Kühe ihre Hörner behalten dürfen», schreibt eine Frau, eine andere ergänzt: «Ich finde es traurig, Kühe ohne Hörner, das sollte verboten werden.» Schliesslich hat das Thema für Brunner wohl auch eine emotionale Bedeutung, sonst würde er auf seinem eigenen Bauernhof im Toggenburg kaum behornte Kühe halten.

Capaul wäre die Entscheidung über den Rückzug seiner Initiative bestimmt nicht leichtgefallen. Einerseits ist es grundsätzlich nachvollziehbar, dass ein konkreter Förderbeitrag nicht auf Gesetzes-, sondern auf Verordnungsebene geregelt würde, wie es bei sämtlichen landwirtschaftlichen Direktzahlungen der Fall ist. Anderseits wollte Capaul eine Sicherheit, dass am Schluss tatsächlich ein «wirtschaftlich lohnender Anreiz» für behornte Tiere herausspringt, wie es im Initiativtext gefordert wird. Doch es kommt gar nicht erst so weit, dass Capaul und seine Mitstreiterinnen und Mitstreiter sich jener Entscheidung ultimativ hätten stellen müssen: Nachdem die WAK des Nationalrats den indirekten Gegenvorschlag deutlich angenommen hat, lehnt ihn die WAK des Ständerats ebenso deutlich ab. Damit hat das Parlament die letzte reale Chance verspielt, die Initiantinnen und Initianten zum Rückzug der Initiative zu bewegen. Plötzlich ist der Weg zur Abstimmung wieder frei.

SP-Ständerat Roberto Zanetti sagt auf Anfrage, der Entscheid der WAK des Ständerats, der er selber angehört, habe ihn überrascht. Er hätte erwartet, dass die Bürgerlichen mit dem Gegenvorschlag eine Abstimmung verhindern wollen, weil der Bauernverband Konflikte innerhalb der Bauernschaft befürchte. «Das war schon das zweite Mal, dass ich bei dieser Initiative falsch lag», sagt Zanetti. «Ich muss zugeben: Ich hätte nicht erwartet, dass Armin Capaul die nötigen Unterschriften für eine Volksinitiative zusammenkriegt.» Zanetti gibt zu bedenken, dass das Hornthema im Vergleich zu anderen Geschäften im Parlament schlicht keine hohe Priorität geniesst – auch bei den Gegnerinnen und Gegnern der Initiative nicht. Er erinnert daran, dass im Rahmen der Verhandlung über die Agrarpolitik 2014 bis 2017, zwei Jahre vor der Lancierung der Initiative, sogar einmal ein sogenannter Hörnerfranken pro behorntem Tier und Tag zur Debatte stand. Ende 2012 stimmte die WAK des Ständerats dem Hörnerfranken zu, kurz darauf verwarf der Ständerat den entsprechenden Antrag von Zanetti relativ knapp. «CVP-Ständerat Peter Bieri stellte damals den Antrag auf Streichung des Hörnerfrankens. Als ETH-Agronom mit Spezialgebiet Viehzucht geniesst er bei dem Thema Autorität, also ist ihm der Rat gefolgt.» Bei einem derart grossen Geschäft wie der Agrarpolitik bleibe dann keine Zeit mehr für Diskussionen über Details wie dieses.

Für den Schweizer Bauernverband, der als eine der einflussreichsten Lobbyorganisationen in Bern gilt, ist die Hornkuh-Initiative eine harte Nuss. Dem bürgerlich geprägten Verband kommt die Diskussion um das Kuhhorn höchst ungelegen, denn die vielen Betriebe, die ihre Kühe enthornen, drohen dadurch als Tierquäler dazustehen; und das gute Image, das die Schweizer Landwirtschaft in Sachen Tierschutz geniesst, droht angekratzt zu werden. Doch das grösste Problem vermutet Capaul an einem anderen Ort: «Die Initiative kommt ausgerechnet von einem Bergbauern – aus ihren eigenen Reihen.» Es wäre also zu erwarten gewesen, dass der indirekte Gegenvorschlag von den Bürgerlichen in der Hoffnung mitgetragen wird, damit eine Volksabstimmung verhindern zu können. Laut Markus Ritter, Präsident des Bauernverbands und CVP-Nationalrat, war eine Einigung zwischen Parlament und Initiativkomitee jedoch von Anfang an ausgeschlossen, wie er auf Anfrage sagt. «Armin Capaul war es wichtig, dass die Höhe des Beitrags verbindlich fixiert würde. Dies ist aber bei keiner Direktzahlung im Gesetz der Fall. Daher war ein gemeinsamer Weg nicht möglich.» Das wichtigste Argument des Bauernverbands gegen die Initiative bewegt sich also auf formaler Ebene: Eine Regelung über Direktzahlungen gehöre nicht in die Verfassung, sondern in die entsprechende Verordnung. Dabei stellt sich jedoch die Frage, wieso der Bauernverband nicht Hand dazu geboten hat, einen Hörnerbeitrag im Rahmen der Agrarpolitik 2014 bis 2017 auf Verordnungsebene zu regeln. Nach Abwägung seien andere Bereiche für Direktzahlungen als wichtiger erachtet worden, sagt Ritter. Ausserdem könnten Produkte von behornten Tieren einen Mehrwert auf dem Markt erzielen, weshalb keine Subventionen nötig seien. Die Hornkuh-Initiative sei ihm persönlich sympathisch, sagt Ritter, weil sie auch die Bedeutung von Kühen und Ziegen in den Fokus der öffentlichen Diskussion rücke. «Die Hörner sind aber nach wie vor eine Waffe der Tiere und können Verletzungen erzeugen.»

Der Entscheid der WAK des Ständerats fällt just einen Tag vor meinem Besuch auf dem Hof der Capauls im Berner Jura. Wie Roberto Zanetti zeigt sich Armin Capaul über den Entscheid erstaunt: «Als ich den Ständeräten sagte, ein Gegenvorschlag komme für mich nicht infrage, nannten sie mich stur. Aber jetzt, nachdem wir auf sie zugegangen sind, tun sie plötzlich selber stur.» Die Ständeräte seien doch nur zu stolz, um ihre Meinung wegen einem kleinen Bauern wie ihm zu ändern, vermutet Capaul. Doch er ist über den Entscheid nicht nur erstaunt, sondern auch sichtlich erleichtert. Denn eigentlich hat er stets gehofft, dass sich eines Tages die Bevölkerung zur Frage der Hörner äussern kann. Bis seine beiden Paten im Parlament ihm die Möglichkeit eines indirekten Gegenvorschlags erläuterten, hatte er sowieso fest mit der Abstimmung gerechnet. Dass sich die Diskussion um den Gegenvorschlag nun letztlich als bedeutungslose Zwischenepisode herausgestellt hat, ist Capaul darum ganz recht. Denn für ihn heisst das auch, dass das Gerangel mit den politischen Institutionen endlich

An diesem Punkt hat Capaul nicht viel mehr als seine Entschlossenheit – geschweige denn eine politische Strategie.

vorbei ist, das am 6. Dezember 2010 seinen Anfang nahm. An diesem Tag nämlich schickte Capaul zusammen mit dem Walliser Yak-Züchter Daniel Wismer einen Brief ans Bundesamt für Landwirtschaft, in dem die beiden zum ersten Mal den Hörnerfranken, einen Förderbeitrag von einem Franken pro behornter Kuh und Tag, vorschlugen. Niemand konnte damals den Strudel von Ereignissen ahnen, der dann folgte. An diesem Punkt hat Capaul nicht viel mehr als seine Entschlossenheit – geschweige denn eine politische Strategie. Es sei ihm sowieso nie um Politik gegangen, betont er immer wieder, sondern einzig darum, den

Kühen eine Stimme zu geben. Obwohl er mittlerweile gut mit den politischen Institutionen klarkommt, ist sein Verhältnis zu diesen noch immer von viel Unverständnis geprägt. Seit Capaul als Hornkuh-Rebell unterwegs ist, wird er immer wieder überrascht von deren komplizierter Mechanik. Um den Kühen ihre Hörner zurückzugeben, sagt Capaul, sollte eigentlich nicht einmal eine Initiative nötig sein – das sollte sich doch von allein verstehen. «Aber so ist es jetzt halt.»

Jedenfalls kommt es Capaul nicht ungelegen, als Anfang 2017 das Telefon klingelt und Kaspar Schuler am Apparat ist. Capaul und Schuler kennen sich bereits seit 1979, Schuler besuchte damals mit Capauls jetziger Frau Claudia denselben Sennenkurs auf dem Plantahof im bündnerischen Landquart. Die beiden luden Schuler bald darauf in das kleine Rebhäuschen nach Chur ein, in dem sie damals wohnten – seither sind die drei befreundet. «Ich war einundzwanzig Jahre alt, und Armin wirkte auf mich schon damals wie ein Bote aus einer anderen Zeit: ein Vorzeige-Hippie und hochgradig idealistischer Freak», erzählt Schuler. «Seine Indianerphilosophie habe ich damals völlig geteilt, ich habe in ihm einen Bruder im Geiste gesehen.» Über die Jahre eignet Schuler sich einige Erfahrung im Führen von politischen Kampagnen an, vor allem im ökologischen Bereich. So ist er unter anderem Mitinitiant der 1994 von der Stimmbevölkerung angenommenen Alpeninitiative oder Leiter der Kampagne für die Atomausstiegsinitiative, die 2016 einen ansehnlichen Ja-Stimmen-Anteil von über 45 Prozent erreicht. 2015 gibt Schuler seinen Job als Geschäftsleiter von Greenpeace Schweiz auf und gründet ein eigenes Unternehmen, das Beratungen in Organisationsentwicklung anbietet. Laut der Website des Unternehmens heisst das unter anderem, dass er Leuten dabei hilft, «vielleicht zart wahnwitzige Vorhaben» zu realisieren. Genau der richtige Mann also für die Hornkuh-Initiative, denkt sich wohl auch Capaul, als er Schuler am Apparat hat, und zu ihm sagt: «Gut, rufst du an. Kannst du mir helfen?»

Ich treffe Kaspar Schuler am Sitz von Greenpeace an der Zürcher Kalkbreite, wo er für einige Monate interimistisch erneut die Leitung übernommen hat. Schuler erzählt, wie es dazu kam, dass er sich bei Capaul gemeldet hat. Im Sommer 2016, gerade hatte der Bundesrat die Hornkuh-Initiative abgelehnt, habe er sich gefragt, ob Capaul sich wohl bewusst sei, welche institutionelle Maschinerie nun auf ihn zukommt. Er habe sich eigentlich schon zu diesem Zeitpunkt bei ihm melden wollen, doch das war drei Monate vor der Abstimmung über die Atomausstiegsinitiative, und die Sache ging unter. Auf Hochtouren kam die institutionelle Maschinerie für Capaul sowieso erst 2017, und so kommt Schulers Anruf in jenem Frühling genau richtig. Capaul würde wohl sagen: Der Spirit hat ihn geschickt. Seither berate er den «Politik-Rookie» Capaul beim «Gang durch die Mühlen der Parlamentspolitik», wie Schuler sagt. Und er wird die Kampagne für die Volksabstimmung organisieren. Mitglied im Komitee ist Schuler zwar nicht, trotzdem ist sein Engagement für die Initiative viel mehr als bloss ein Job oder ein Gefallen für einen alten Freund. Schuler wirkt urban, weit entfernt von Capauls Hippie-Aufzug, doch dessen Lebensphilosophie und die Landwirtschaft sind ihm nicht fremd. Dreizehn Sommer verbrachte er selber als Senn und Rinderhirt auf der Alp und arbeitete auch immer mal wieder als Futterknecht auf dem Hof oder dem Maiensäss von Bündner Bauernfamilien. «Ich mag Kühe und Rinder und verstehe die angebliche Logik hinter den Enthornungen bis heute nicht», sagt Schuler. «Sie stammt aus den rücksichtslosesten Zeiten der industriellen Tierhaltung. Haustiere zu verstümmeln, ist schon lange verboten, nur bei Nutztieren gehen die Übergriffe weiter.» Eigentlich würde das Schweizer Tierschutzgesetz schon heute Hand bieten zu einem Verbot, ist Schuler überzeugt. «Die Enthornungen sind ein etablierter Anachronismus, um den man sich bisher nur nicht ausreichend gekümmert hat.» Obwohl er bei der Arbeit mit behornten Rindern selber schon den einen oder anderen Hornstoss erhalten hat, lässt Schuler das Argument nicht gelten, die Hörner seien für Menschen zu gefährlich. «Wer in und mit der Natur arbeitet, lebt einfach gefährlicher als in einem Büro. Aber man weiss das, wenn man eine solche Arbeit macht, und nimmt es in Kauf.» Dennoch orientiere sich die Initiative gutschweizerisch am Konsens: «Sie setzt undogmatisch auf Freiwilligkeit und spricht kein einziges Verbot aus, das ist ungewöhnlich im Tierschutz. So entsteht kein Glaubenskrieg in der Landwirtschaft oder in der Bevölkerung.»

Das ist vielleicht die Ironie der Hornkuh-Initiative: dass ihr Urheber zwar ständig hadert mit den verworrenen Pfaden des politischen Systems der Schweiz und dem Spiel in der politischen Arena; dass seine Initiative diesem System aber gleichzeitig wie auf den Leib gezimmert scheint. Er liebe die direkte Demokratie, sagt Schuler. «Jede und jeder kann in diesem System die Nähe zur Politik suchen – einer wie Armin Capaul kann eigenhändig die Verwaltung und das Parlament beschäftigen.» Wenn Schuler über Capaul spricht, ist die Bewunderung nicht zu überhören; hinter seiner manchmal kauzigen Art verberge sich ein unermüdliches Multitalent. «Es geht auf keine Kuhhaut, was dieser Mann alles leistet: Er hat nicht nur einen grossen Teil der Unterschriften für die Initiative selber gesammelt, er lief sich für dieses Thema bereits die Füsse auf den Gängen durch die Behörden wund und investierte einen Grossteil des Vermögens von sich und seiner Frau Claudia, als noch kein Hahn danach krähte.» Für Capaul bedeute die Anerkennung eine grosse Genugtuung, nachdem er zuvor über Jahrzehnte in der Rolle des Aussenseiters gewesen sei, sagt Schuler. «Sogar für seine früheren 68er-Freunde war er ein schräger Vogel.»

Die Geschichte, wie seine Initiative zustande kam, hat Armin Capaul schon oft erzählt: Am Anfang kommt er mit ein paar wenigen Unterschriften nach Hause, worauf seine Frau Claudia ihn ermahnt, er solle doch einmal rechnen, so werde das mit der Initiative nie etwas. Bevor er an einem Tag nicht mindestens hundert Unterschriften gesammelt habe, müsse er gar nicht nach Hause kommen. Doch bald schon setzt eine Dynamik ein, und Capaul bringt es schliesslich allein auf rund fünfzigtausend Unterschriften. Doch als er nach einem Jahr merkt, dass er es allein nicht schaffen kann, bezahlt er Sammlerinnen und Sammlern einen Franken pro Unterschrift – auch mit den Spenden, die mittlerweile immer regelmässiger eintreffen. Allein im Januar, Februar und März 2016, kurz vor Einreichung der Initiative, treffen noch einmal 50 000 Stück per Post ein. Trotz der Spenden verfügt Capaul noch immer über kein grosses Budget und ist darum auf ein günstiges Angebot für die Beglaubigung der Unterschriften angewiesen. Er holt drei Offerten ein; das günstigste Angebot unterbreitet der umstrittene rechtsesoterische Verein Alpenparlament. Weil der Verein das Anliegen der Initiative selber unterstützt, verrechnet er für die Beglaubigung der Unterschriften, mit der Capaul ihn beauftragt, nur den Materialaufwand und keine Arbeitsstunden. «Hinter der Hornkuh-Initiative stecken Verschwörungstheoretiker», titelte der «Tages-Anzeiger», und Capaul bekommt zum ersten Mal schlechte Presse

> «Hinter der Hornkuh-Initiative stecken Verschwörungstheoretiker», titelte der «Tages-Anzeiger».

zu spüren. Über den Artikel regt er sich noch heute auf. Wie der Journalist vorgegangen sei, dass er sich nicht einmal bei ihm gemeldet habe, um ihn mit den Vorwürfen zu konfrontieren, sei unfair gewesen. Und die Behauptung, dass die Initiative nur dank dem Verein Alpenparlament zustande gekommen sei, bezeichnet Capaul als «völligen Blödsinn». «Die Leute von diesem Verein haben keine Unterschriften gesammelt, sie haben sie nur beglaubigt. Ich habe mit ihnen ein Geschäft gemacht, sonst nichts. Ich wusste damals nicht, was für Ansichten die haben.»

Doch die grosse Mehrheit der Reaktionen aus der Bevölkerung und aus den Medien war Capaul stets zugeneigt. Das bestätigt ihn darin, dass sein Anliegen so abwegig nicht sein kann. Der öffentliche Rummel schwappt sogar nach Deutschland über: Bereits 2015 berichtet der «Spiegel», 2017 die «Frankfurter Allgemeine Zeitung» auf einer ganzen Seite und dann noch die ARD, das Erste Deutsche Fernsehen. Für die deutschsprachige Schweiz zählt Capaul ganz genau mit: Laut den Daten einer Medienbeobachtungsfirma sind in diesem Gebiet zwischen 2011 und Ende 2017 ganze 3171 Medienberichte zum Thema erschienen. Ein Grossteil dieser Berichte fällt in den Zeitraum etwa der letzten zwei Jahre. Vor allem ab März 2016, als das Initiativkomitee die Unterschriften einreicht, und dann wieder im Sommer und Herbst 2017 sowie Anfang 2018, als die Initiative und ein möglicher indirekter Gegenvorschlag in den Räten verhandelt werden, erscheinen unzählige Berichte. In der Schweiz ist Capaul als Initiant der Hornkuh-Initiative mittlerweile vielen bekannt. Etwas weniger bekannt ist, dass diese eigentlich erst die Ultima Ratio eines Engagements darstellt, das schon einige Jahre früher begann. Als Capaul 2010 zum ersten Mal Kontakt mit den Behörden in Bern aufnahm, war er noch nicht der national bekannte Hornkuh-Rebell, sondern einer von vielen, die sich auf ihre Weise und in ihrer Region mit dem Kuhhorn auseinandersetzen, wie die Urner Bergbäuerin Priska Welti oder der Arbeitskreis Hörner tragende Kühe des Bio-Ring Allgäu. Doch im Gegensatz zu diesen hat Capaul einen Entschluss gefasst: eine staatliche Regelung für die ganze Schweizer Landwirtschaft.

Die erste Kontaktaufnahme findet also im Dezember 2010 statt: Capaul und Daniel Wismer wenden sich in einem offenen Brief ans Bundesamt für Landwirtschaft. In dem Brief heisst es: «Die Tatsache, dass immer weniger Kühe in der Schweiz ohne Hörner leben, stimmt uns nachdenklich. Wir möchten Ihnen deshalb folgenden Vorschlag unterbreiten: ‹Bauern, die ihren Tieren die Hörner belassen, werden pro GVE (Grossvieheinheit, entspricht 500 Kilogramm, Anm. des Autors) mit 1.- Franken pro Tag (analog der TVD) honoriert.› Das ergibt einen Betrag von 365 Franken im Jahr für ein wertvolles Kulturgut, das nicht ganz verloren gehen sollte.» Capaul und Wismer führen als Begründung ihres Vorschlags vier Punkte auf: Der Bau von Laufställen für behornte Tiere sei teurer, der Bezug zu behornten Tieren sei intensiver, die Enthornungen seien schlecht für das Image der Landwirtschaft und weiter die «Sicht der Steuerzahlenden». Worin diese Sicht genau besteht, wird im Brief nicht ausgeführt, aber Capaul scheint zu diesem Zeitpunkt schon zu ahnen, dass sein Anliegen in der Bevölkerung populär sein könnte. Obwohl der offene Brief ein erstes Echo in den Medien auslöst, verhallen die Argumente im Bundesamt für Landwirtschaft. «Ich dachte, es könnte mir Glück bringen, wenn wir den Brief am Samichlaustag abschicken, aber ich bekam nur die Antwort, man kümmere sich um meinen Vorschlag. Sprich: Sie wollten mich abschieben.» Im darauffolgenden April schicken die beiden einen weiteren Brief ans Bundesamt, dass beim Hörnerfranken auch Ziegen zu berücksichtigen seien; und im Juni per Brief eine weitere Erinnerung, man möge den Hörnerfranken doch in der anstehenden Vernehmlassung zur Agrarpolitik 2014 bis 2017 berücksichtigen. Im gleichen Zeitraum sickert das Thema langsam zu verschiedenen Organisationen durch. Bei der Biobörse von Bio-Suisse kann ab Anfang 2012 beim Rindvieh und bei den Ziegen angegeben werden, ob die angebotenen oder gesuchten Tiere behornt oder unbehornt sind. Kurz darauf richtet die Schweizer Bergheimat, die kleine und mittlere Bio-Bergbauernhöfe fördert, einen Hörnerfonds ein, aus dem Um- oder Neubauten von Laufställen für behornte Tiere finanziell unterstützt werden können.

> Ende Januar 2012 wenden sie sich in einem Brief direkt an Landwirtschaftsminister Johann Schneider-Ammann.

Doch im Bundeshaus geschieht weiterhin nichts. Capaul und Wismer beschliessen, eine Ebene höher zu gehen: Ende Januar 2012 wenden sie sich in einem ersten von zahlreichen Briefen direkt an Landwirtschaftsminister Johann Schneider-Ammann, mit der Bitte, den Hörnerfranken ins Parlament einzubringen, und mit einer Einladung ans Schweizer Hornfest. Im Februar 2012 veröffentlicht der Bundesrat seine Botschaft zur Agrarpolitik 2014 bis 2017 – der Hornbeitrag kommt darin nicht vor. Bis heute ist der Bundesrat gegen die Fixierung eines Förderbeitrags für behornte Kühe. In seiner ausführlichen Botschaft zur Hornkuh-Initiative vom Februar 2017 gibt die Regierung die Gründe für ihren Entscheid an: Hörner gehörten nicht in die Verfassung, die Initiative fördere das Anbinden von Tieren, die Verletzungsgefahr sei zu hoch und die Mehrkosten durch behorntes Vieh könnten auf dem Markt ausgeglichen werden. Doch die Lektüre der Botschaft ist interessant, zuweilen auch amüsant, findet der Bundesrat darin doch einige anerkennende Sätze für die Initiative: «Kühe mit Hörnern gehören bis heute zum Idealbild der Schweizer Milchwirtschaft», liest man dort etwa, oder auch: «Die Milchkuh ist eine Sympathieträgerin, die in der Werbung oftmals mit Hörnern dargestellt wird.» Der Bundesrat anerkennt zudem die Bedeutung der Hörner für das Sozialverhalten der Kühe und die Popularität, welche die Initiative in der Bevölkerung geniesst.

Im Herbst 2012 versuchen Louis Schelbert im Nationalrat und Roberto Zanetti im Ständerat über Anträge, den Hörnerfranken in die Agrarpolitik 2014 bis 2017 aufnehmen zu lassen. Beide Räte lehnen die Vorstösse ab: der Nationalrat deutlich mit 102 zu 63 Stimmen, der Ständerat relativ knapp mit 19 zu 16 Stimmen. Doch Capaul sieht eine letzte Chance, den Hörnerfranken doch noch in die Agrarpolitik zu bringen: den Bundesrat über eine Mobilisierung der Bevölkerung davon zu überzeugen, selbst aktiv zu werden, wozu er auf Verordnungsebene theoretisch befugt wäre. Kurz nach der Ablehnung im Nationalrat lanciert Capaul im Namen der im Frühjahr gegründeten IG Hornkuh eine Petition. Darin wird der Bundesrat dazu aufgefordert, den Hörnerfranken eigenhändig in der Agrarpolitik zu verordnen. Ein Jahr später, genau drei Jahre nach dem ersten Brief ans Bundesamt für Landwirtschaft, wird die Petition mit über achtzehntausend Unterschriften eingereicht. Eine direkte Reaktion darauf bleibt aus – «die haben die Petition wohl gleich durch den Schredder gelassen», vermutet Capaul. Erst am 15. September 2014 wendet sich der Landwirtschaftsminister in einem knappen Brief persönlich an Capaul. Schneider-Ammann erklärt darin, dass er als Bundesrat nicht die Kompetenz besitze, «Massnahmen zu verordnen, deren gesetzliche Grundlage vom National- und Ständerat zuvor abgelehnt wurde». Doch er gibt Capaul einen Ratschlag: «Wenn die IG Hornkuh beabsichtigt, das Volk zu befragen, ist das ihr gutes Recht.» Erst wenn die Initiative zustande gekommen und von Volk und Ständen angenommen worden sei, wäre sein Departement wieder zuständig, Verordnungen zu erlassen.

Roberto Zanetti zeigt Verständnis für die Begründung des Bundesrats, sich nicht über den Parlamentsentscheid hinwegsetzen zu wollen. In seinen zehn Jahren als Präsident der Solothurner Gemeinde Gerlafingen habe er zudem immer wieder mit Einzelpersonen zu tun gehabt, die unbedingt ein Anliegen einbringen wollten. Da sage man oft auch einfach etwas, um den «Stürmicheib» loszuwerden. Für Zanetti ist Capaul dagegen alles andere als ein Stürmicheib – seit dieser sich auf der Suche nach einem Paten im Ständerat bei ihm gemeldet hat, ist er Feuer und Flamme für das Thema. Als die Hornkuh-Initiative 2017 im Ständerat besprochen wird, hält er ein flammendes Plädoyer. Doch Zanetti spricht sich zunächst, auch weil er Capaul selber unterschätzte, für den parlamentarischen Weg aus. «Als Armin Capaul mit mir Kontakt aufnahm, habe ich ihm davon abgeraten, eine Volksinitiative zu lancieren – aus Bedenken, er könnte die nötigen Unterschriften nicht zusammenkriegen.» So sei es Capaul auch im Bundeshaus ergangen: Den kauzigen Bergbauern fänden zwar alle sympathisch, aber wirklich ernst nehmen würden die Politikerinnen und Politiker sein Anliegen nicht. Zanetti erzählt, wie Capaul zum ersten Mal vor der WAK des Ständerats sitzt: «Ein solcher Auftritt vor einer Kommission in Bern macht normalerweise sogar hochdotierte

Professoren nervös, doch Capaul schien es kein bisschen zu beeindrucken. Er tauchte wie immer in seinem viel zu grossen Wollpullover und mit Wollmütze auf und sprach so, wie er es immer tut: unverblümt und ohne Floskeln – im Gegensatz zu vielen Lobbyisten. Auch bei Ständeräten, die sein Anliegen ablehnen, hinterliess er einen bleibenden Eindruck.» Zanetti erzählt noch eine weitere jener Anekdoten, auf denen das Sympathieträger-Image von Capaul beruht: «Nach der Verhandlung über die Agrarpolitik, die Capaul von der Tribüne aus verfolgt hatte, gingen wir noch zusammen etwas trinken. Im selben Restaurant sass auch Peter Bieri, der im Rat kurz zuvor noch mit seinem Antrag auf Streichung des Hörnerfrankens durchgekommen war. Capaul grüsste ihn mit ehrlicher Freundlichkeit und stellte sich vor. Bieri war etwas überrascht und musste schmunzeln. Diesem Charme kann sich kaum jemand entziehen.»

Die Begründung des Bundesrats, die Initiative abzulehnen, mag berechtigt sein, für Capaul klingt sie wie die vielen anderen Begründungen, die er aus Bern schon erhalten hat: wie eine Ausrede dafür, dass man sein Anliegen erneut nicht ernst nehmen will. Zu diesem Zeitpunkt hat er sich bereits überlegt, eine Volksinitiative zu lancieren. Ein halbes Jahr vor dem Brief des Bundesrats ruft er zum ersten Mal bei der Bundeskanzlei an, um sich über die Bedingungen für eine Volksinitiative zu erkundigen. Und noch vor der Antwort von Schneider-Ammann kündigt er in einem weiteren offenen Brief an den Bundesrat seinen Plan an: «Nun, wir möchten Sie an dieser Stelle darüber informieren, dass die IG Hornkuh am 4. Schweizer Hornfest, am 28. September 2014, die Absicht hat, eine Eidgenössische Volksinitiative unter dem Kurztitel ‹Hornkuh-Initiative› zu starten.» Es klingt wie eine charmante Drohung, wenn Capaul den Bundesrat an sein Recht erinnert, den

Hörnerfranken eigenhändig zu verordnen: «Dazu brauchen Sie das Parlament und auch den Bauernverband nicht. Aber uns würde die Unterschriftensammlung erspart.» Wie zu erwarten ist, geschieht nichts, und Schneider-Ammann schreibt stattdessen jenen Satz an Capaul, dessen Folgen er zu diesem Zeitpunkt nicht ahnen kann: «Wenn die IG Hornkuh beabsichtigt, das Volk zu befragen, ist das ihr gutes Recht.» Dieser Satz, eher eine Floskel zum Abwimmeln eines Störenfrieds als ein konstruktiver Vorschlag, fällt im Dickschädel von Capaul auf fruchtbaren Boden. Die Idee ist nicht neu, doch entschlossen hat er sich noch nicht, als er diesen Satz liest. Es ist diese Bemerkung, Capaul empfindet sie als Provokation des grossen Goliaths gegenüber dem kleinen David, die den Kampfgeist in ihm weckt, der ihn nun schon fünf Jahre lang durch die politische Arena treibt.

Schädel, Gase, Signale:

Von der Wissenschaft vom Horn zur Tierwürde

Wie sich einzelne Kuhhörner anhand ihrer Kurven, Maserungen oder Windungen unterscheiden, so können diese durchbluteten, mit Nerven versehenen und von verhornter Haut umschlossenen Knochenzapfen je nach Kontext auch ganz unterschiedliche Bedeutungen haben. Daher kommen in den Gesprächen mit Menschen, die sich für behornte Kühe einsetzen, immer wieder andere Argumente gegen das Enthornen auf, und deren Gewichtung ändert von Hornaktivistin zu Hornaktivist. Für den Bergbauern Armin Capaul steht im Zentrum der Respekt gegenüber der Schöpfung, in der alles seinen Zweck hat – auch das Kuhhorn. Ob eine Kuh mit Hörnern glücklicher ist als eine ohne, hält Bäuerin und Märchenerzählerin Claudia Capaul für eine falsche Frage; es geht aus ihrer Sicht vielmehr darum, dass wir das Wesen und die Würde eines Tiers nicht zerstören dürfen. Für die Urner Bergbäuerin Priska Welti, die sich intensiv mit Tierkommunikation beschäftigt, sind Kuhhörner wie Antennen – in den Bergen würden sie den Kühen dabei helfen, wachsam zu sein für Gefahren. Für Kaspar Schuler, den Kampagnenleiter der Hornkuh-Initiative und ehemaligen Älpler, geht es in erster Linie ums Tierwohl: Wie man Haustiere schon lange nicht mehr verstümmeln dürfe, müssten auch Nutztiere endlich zu ihrem Recht kommen. Der Senn Martin Bienerth erfreut sich besonders an der Schönheit von Kühen mit Hörnern. Auch ist er überzeugt, dass die Milch von behornten Kühen eine andere Qualität aufweist – doch bis dies wissenschaftlich untersucht ist, gibt er sich mit dem Reiz des Mysteriums zufrieden.

All diese Menschen haben gemeinsam, dass sie den Umgang mit behornten Kühen aus ihrer landwirtschaftlichen Praxis gewohnt sind. Sie müssen sich nicht lange den Kopf darüber zerbrechen, wozu Kühe ihre Hörner brauchen – diese gehören für sie selbstverständlich zur Kuh. Jedoch ist diese Perspektive – besonders in der konventionellen Landwirtschaft – eine Aussenseiterposition: Die grosse Mehrheit der Milchkühe in der Schweiz trägt keine Hörner mehr. Das Bundesamt für Landwirtschaft führt dazu zwar keine offizielle Statistik, doch eine Umfrage von KAGfreiland aus dem Jahr 2014 unter gut tausendzweihundert Schweizer Milchproduzentinnen und Milchproduzenten, die in der Debatte bisher als verlässlichste statistische Grundlage dient, erlaubt eine Einschätzung der Lage: Demnach tragen 73 Prozent der Milchkühe in der Schweiz keine Hörner mehr – Tendenz steigend. Im Fazit zur Umfrage begründet KAGfreiland diese Prognose: «In den kommenden Jahren muss mit einer weiteren Zunahme der Enthornung beziehungsweise der Selektion auf genetisch hornlose Tiere gerechnet werden. Denn die Schweizer Milchviehwirtschaft entwickelt sich kontinuierlich hin zu grösseren Betrieben mit modernen Laufställen. Beides sind Kriterien, die mit einem niedrigen Anteil behornter Tiere einhergehen.» Angesichts dieser Tendenz scheint genau der richtige Zeitpunkt gekommen zu sein für eine grundsätzliche Diskussion über das Kuhhorn: Wozu brauchen Kühe überhaupt ihre Hörner? Geht es ihnen schlecht, wenn sie ihnen entfernt oder weggezüchtet werden? Und vor allem: Wollen wir eine Landwirtschaft, in der auch behornte Kühe Platz haben, oder wiegt das Risiko schwerer, dass Mensch und Tier sich verletzen können? Allerdings gibt es bei dieser Diskussion ein Problem: Das Kuhhorn ist wissenschaftlich noch nicht ausreichend erforscht, um ganz genau sagen zu können, welche Funktionen es erfüllt. Dennoch kursieren in der Diskussion um die Horn-

73 Prozent der Milchkühe in der Schweiz tragen keine Hörner mehr – Tendenz steigend.

kuh-Initiative zahlreiche Argumente, warum Kühe ihre Hörner angeblich brauchen. Darum ist es hilfreich zu erfahren, welche Funktionen der Hörner bereits wissenschaftlich erforscht sind – und welche ins Reich der Vermutungen oder der Esoterik gehören. Doch dabei zeigt sich auch, dass sich die Hornfrage letztlich nicht auf dem Feld der Naturwissenschaft entscheiden lässt.

Mit der Hoffnung, etwas Ordnung in die Diskussion um das Kuhhorn zu bringen, ist man bei Anet Spengler Neff an der richtigen Adresse. Sie hat an der ETH Zürich Agronomie studiert und an der Universität Kassel über ökologische Milchrinderzucht doktoriert. Derzeit arbeitet sie als Expertin für Nutztierzüchtung und -haltung am Forschungsinstitut für biologischen Landbau (FiBL) im aargauischen Frick. Spengler Neff beschäftigt sich schon eine Weile mit dem Kuhhorn und ist Mitautorin des vom FiBL herausgegebenen Merkblatts «Die Bedeutung der Hörner für die Kuh». Seit dessen Gründung ist sie auch Mitglied im Komitee der Hornkuh-Initiative. Für sie ist klar: «Ich finde es falsch, den Kälbern die Hornansätze auszubrennen oder Kühe so zu züchten, dass ihnen erst gar keine Hörner mehr wachsen.» Doch im Gespräch macht sie ebenfalls deutlich, dass die Gründe für ihre Haltung komplizierter sind – und vor allem auch, dass ihr Wissen über das Kuhhorn dafür gar nicht so entscheidend ist. Denn auf der Basis der heutigen Erkenntnisse liesse sich nicht so leicht entscheiden, ob eine Kuh mit Hörnern ein besseres Leben habe als eine hornlose. Die Diskussion um die Initiative solle sich demnach nicht in erster Linie um die Frage nach dem guten Leben der Kuh drehen; zumal es für Spengler Neff auch dann noch unrechtmässig wäre, Kühen die Hörner wegzunehmen, wenn diese für ihr Wohlbefinden gar keine Rolle spielen würden. Aus dieser Perspektive ist die Hornfrage nicht mehr nur eine der Wissenschaft – das Kuhhorn, so lässt sich zeigen, kann auf diese Weise ganz grundlegend unser Verhältnis zu Nutztieren und die vorherrschende Form der Landwirtschaft herausfordern.

Das FiBL liegt etwas ausserhalb von Frick an einem idyllischen Hang aus Grasland und Rebbergen, der an diesem Frühlingstag sanft von der Sonne beschienen wird. Wenn man sich dem Forschungszentrum vom Dorf her nähert, trifft man als Erstes auf einen Kuhstall mit einem grosszügigen Aussenbereich. Dem FiBL angeschlossen ist ein eigener Bauernhof mit 37 Hektaren Nutzfläche und 24 Milchkühen. Weil der Betrieb unter dem Demeter-Label wirtschaftet, gilt die Regel: «Das Enthornen von Tieren und enthornte Tiere sind auf dem Hof nicht gestattet», so heisst es in den internationalen Richtlinien von Demeter. Spengler Neff steht vor dem Gitter mit den Futterplätzen und beobachtet eine weissbeige gescheckte Kuh, die mit einem ihrer Hörner immer wieder in einen der Heuballen stosst, die am Gitter aufgestapelt sind. «Jetzt sehen wir gleich eine Funktion des Horns: Die Kuh spielt damit», sagt sie und nähert sich dem Gitter. Die Kuh stochert im Heu herum und trennt einen Teil eines Heuballens ab. «Sie befriedigt ihre Neugier und braucht dazu jedes ihrer Körperteile – auch das Horn.» An der Grösse der Hörner und der Anzahl Ringe am Hornansatz könne man das ungefähre Alter der Tiere ablesen – der Richtwert: ein Ring pro geborenes Kalb. Weil die Kuh während der Trächtigkeit einen Grossteil ihrer Energie und der zu sich genommenen Nährstoffe an das Kalb abgibt, wird das Wachstum des Horns in dieser Zeit verlangsamt – ähnlich wie bei den Jahresringen von Bäumen, an denen sich klimatisch kargere Perioden ablesen lassen. Demnach gehört jene weiss-beige-gescheckte Kuh zu den jüngsten in der Herde.

Schädel,
Gase,
Signale

Ein paar Meter entfernt schaufelt ein junger Stallmitarbeiter den Mist weg. Als er sieht, dass wir die Kühe und ihren Gebrauch der Hörner beobachten, schaltet er sich ins Gespräch ein. Weil er viel Zeit im Stall verbringe, habe er ausreichend Gelegenheit, die Tiere zu beobachten – gerade an den Hörnern könne er vieles über sie ablesen. Er zeigt auf eine Kuh, die in der Nähe des Gitters steht: «Das ist Menta, sie ist gerade stierig geworden, kann also zum ersten Mal trächtig werden. Mit ihren Hörnern gibt sie dem Stier Leo schon Signale, dass es bald losgeht.» Leo steht seelenruhig in einer der Boxen im hinteren Teil des Stalls – vielleicht ist das die Ruhe vor dem Sturm. In der Nähe von Menta stehen zwei weitere Kühe mit hellem Fell; an ihren Hörnerformationen, zum Beispiel der Form, Farbe oder Krümmung, erkennt der Mitarbeiter sofort ihre Verwandtschaft: «Das sind Romina und Rosa, Mutter und Tochter.»

Die Hörner teilen nicht nur den Menschen etwas mit, sie sind auch Mittel zur Kommunikation der Tiere untereinander.

Doch die Hörner teilen nicht nur den Menschen etwas mit, die sie aufmerksam beobachten, sie sind auch Mittel zur Kommunikation der Tiere untereinander. In kurzer Zeit beobachten wir ein paarmal, wie eine Kuh eine andere mit einem Horn leicht in den Rumpf und zur Seite stösst, um an einen Futterplatz oder einen anderen begehrten Ort im Stall zu gelangen. Manchmal reagiert eine Kuh auch auf eine Hornbewegung einer anderen, ohne dass die beiden sich dazu berühren müssen. «Dass Kühe ihre Hörner auf unterschiedliche Weise dazu einsetzen, miteinander zu kommunizieren und die Rangordnung in der Herde auszuhandeln, ist – neben der Körperpflege – ihre am besten bekannte Funktion», sagt Spengler Neff. Manchmal könne die Kommunikation mittels der Hörner auch aggressiv sein und es könne, besonders in engen Laufställen, zu

Verletzungen kommen. Doch bei den arttypischen Kuhkämpfen, bei denen zwei Kühe ihre Schädel gegeneinanderdrücken und ihre Hörner ineinander verkeilen, gehe es immer um ein Kräftemessen und nicht darum, sich gegenseitig zu verletzen. «Eine Kuhherde ist bis auf die Rolle jedes einzelnen Tiers hierarchisch organisiert. Zwar gibt es dabei bestimmende Faktoren wie das Alter, doch die Hierarchie ist dynamisch: Sie muss über Zeichen und manchmal auch über Stösse oder Kämpfe immer wieder verhandelt werden. Sobald klar ist, welche Kuh die stärkere ist, lassen die Tiere voneinander ab.» Im Übrigen würden auch hornlose Kühe miteinander kämpfen und sich dabei verletzen, nur seien die Verletzungen dann mehr innerlich und darum weniger sichtbar. Weil hornlose Kühe beim Zusammenstoss ihrer Schädel abrutschen, bleibe ihnen ein arttypisches Verhalten verwehrt.

Wie gut oder schlecht die Absicht einer kampfbereiten Kuh ist, lässt sich kaum entscheiden – jedenfalls gehen die Kämpfe nicht immer glimpflich aus. Bei einigen der Kühe im FIBL-Stall sind dünne Striemen im Fell zu sehen – viele davon sind kleine Narben von Hornverletzungen. «Wenn ein Horn die Scheide oder das Euter einer Kuh trifft, kann dies wüste Verletzungen zur Folge haben. Doch die Spuren am Fell, die wir bei den Kühen hier sehen, sind in den meisten Fällen nur harmlose Schrammen.» Die Verletzungsgefahr für Mensch und Tier ist der häufigste Grund dafür, dass Kühe enthornt werden – und das wichtigste Argument gegen die Hornkuh-Initiative. Dass Menschen und Tiere durch Kuhhörner schwer verletzt werden können, bestreiten auch die Hornaktivistinnen und Hornaktivisten nicht. Doch sei diese Gefahr berechenbar, wie Spengler Neff erklärt: «Klar, ein gewisses Restrisiko kann im Kontakt mit behornten Tieren nie ausgeschlossen werden. Doch mit dem richtigen Management, also dem richtigen

Umgang mit der Herde und dem einzelnen Tier, und einigen baulichen Massnahmen am Stall und an den Stalleinrichtungen lässt sich dieses Risiko auf ein Minimum reduzieren.» Zwar werden durch Hörner zugefügte Verletzungen in der landwirtschaftlichen Unfallstatistik der Schweiz nicht gesondert erfasst. Doch dass sich die Gefahr wirksam reduzieren lässt, wurde in verschiedenen empirischen Studien bestätigt. In seiner Dissertation zur Laufstallhaltung mit behornten Milchkühen an der ETH Zürich untersuchte der Agronom Christoph Menke Anfang der neunziger Jahre unter anderem auch die Verletzungsgefahr. In siebzig Prozent der untersuchten Herden mit horntragenden Tieren traten Auseinandersetzungen und Hautverletzungen selten auf. Bei den restlichen Betrieben stellte Menke teilweise Mängel beim Management der Herde sowie bei der Beziehung zwischen Mensch und Tier fest. Zusammen mit der Veterinärmedizinerin Susanne Waiblinger, die heute als Professorin in Wien unter anderem zur Viehhaltung mit behornten Tieren forscht, gab Menke 1999 eine weitere Studie zum Thema heraus. Darin kamen die beiden zum Schluss, dass von allen untersuchten Hornverletzungen unter Kühen nur zehn Prozent tiefe Wunden waren. Doch wirksamer in der Diskussion über die Initiative ist vermutlich die andere Seite des Arguments: Durch die Hörner seien Menschen in Gefahr. Denn die Angst vor Tieren kann auch bei denjenigen greifen, die von einem Kuhhorn nie tatsächlich bedroht werden. In ihrer 2010 publizierten Dissertation über Laufställe für behornte Milchkühe fasst die Agronomin Claudia Schneider, die ebenfalls am FiBL in Frick forscht, auch die Daten zu den Verletzungen von Menschen durch Kuhhörner zusammen. Schneider betont zwar, dass die Daten aufgrund der fehlenden Informationen zu den Umständen der Verletzungen mangelhaft seien, dennoch legen sie nahe, dass der Anteil der

Hornverletzungen an allen Verletzungen, die beim Kontakt mit Rindern passieren, sehr tief liegt. Ausserdem sind die Daten international vergleichbar. In der Schweiz schätzte die Beratungsstelle für Unfallverhütung in der Landwirtschaft für das Jahr 2001, dass die Hornunfälle gerade einmal fünf Prozent der Unfälle mit Rindern ausmachten. In Österreich, wo Hornverletzungen statistisch erfasst werden, lag dieser Anteil im selben Jahr bei 6,3 Prozent.

Während der Umgang mit behornten Kühen wenige Jahrzehnte zurück noch zum Einmaleins des Bauernhandwerks zählte, stellte der Bau von Laufställen für behornte Kühe eine neue Herausforderung dar. Erst durch die Verbreitung der Laufställe, in denen sich die Tiere im Gegensatz zur Anbindehaltung frei bewegen und daher auch verletzen können, wurden die Hörner in den achtziger Jahren zunehmend als Sicherheitsrisiko erkannt. Wie bauliche Massnahmen am Laufstall und der Umgang mit der Herde dieses Risiko minimieren können, wurde von Agronominnen und Agronomen in Zusammenarbeit mit den betroffenen Bäuerinnen und Bauern seither eingehend untersucht. Dank dieser Forschung wisse man mittlerweile sehr viel über den Bau von hornfreundlichen Ställen, sagt Spengler Neff. Zusammen mit anderen leisteten Waiblinger und Menke in den neunziger Jahren Pionierarbeit in diesem Bereich. Schneiders Dissertation ist die bisher umfassendste Untersuchung zum Thema behornte Kühe in Laufställen. Am FiBL gibt sie regelmässig praxisorientierte Kurse zum Thema und hat ihre Erkenntnisse auch im Merkblatt «Laufställe für horntragende Milchkühe» zusammengefasst. Darin beschreibt sie detailliert, wie mit einem guten Raumkonzept und mit gut strukturierten Abläufen bei der Interaktion mit den Tieren risikoreiche Situationen vermieden werden können. Der Laufstall beim FiBL wurde ursprünglich für konventionelle Viehhaltung

Schädel, Gase, Signale

konzipiert und später hornfreundlich eingerichtet. Um ein Beispiel zu geben, zeigt Spengler Neff auf eine Reihe von Holzboxen in der Mitte des Stalls. «Hier sehen wir eine der wichtigsten Massnahmen: Die Boxen sind auf beiden Seiten offen, damit die Kuh nach vorne ausweichen kann, wenn sich eine andere von hinten nähert.» Dadurch würden Situationen vermieden, in denen die Tiere einander nicht ausweichen können und unberechenbare Reaktionen provozieren. «In solchen Situationen geschehen die schlimmen Verletzungen – nicht durch Kämpfe.» Ausserdem gilt die Faustregel: Eine Herde mit behornten Tieren braucht etwa ein Drittel mehr Stallfläche. Wenn Kühe auf der Weide sind und mehr Platz haben, sind Konflikte deutlich seltener. Ob Kühe unberechenbar und gefährlich sind oder die gutmütigsten Wesen der Welt, wie es manchmal heisst, hängt also von verschiedenen Dingen ab: wie viel Aufmerksamkeit man ihnen schenkt, wie gut man sie umsorgt, wie sorgfältig man die Lebenswelt um sie herum gestaltet, wie viel Raum man ihnen gibt. All das hat mit Nähe und Distanz zu tun, die je nach Situation richtig zu wählen sind.

Wir setzen uns in die Kantine des FiBL, und Anet Spengler Neff erzählt, wie sie sich als Wissenschaftlerin erstmals mit dem Kuhhorn beschäftigt hat. Es war während der Forschung zu ihrer Doktorarbeit, für die sie auf einem Hof im zürcherischen Rheinau über einige Jahre das Fress- und Wiederkäuverhalten von Rindern beobachtet hat. Für ihre damalige Forschung spielten die Hörner zwar keine Rolle, doch sie wollte die Gelegenheit nutzen, bei den Wiederkäuern nach einem Zusammenhang zu suchen, der

Bereits 1924 hat Rudolf Steiner von einem Zusammenhang zwischen der Verdauung und den Hörnern der Kühe gesprochen.

sie schon lange faszinierte: zwischen ihrer Verdauung und ihren Hörnern. Bereits 1924 hat Rudolf Steiner, der Begründer der Anthroposophie und Vordenker der biodynamischen Landwirtschaft, von einem solchen Zusammenhang gesprochen. In seinem «Landwirtschaftlichen Kurs», einer Vortragsreihe, die zur Grundlage des 1927 gegründeten Demeter-Anbauverbands wurde, findet sich auch eine Passage darüber, wozu Kühe Hörner haben. Steiner geht nicht auf biologische Aspekte ein, sondern bringt das Horn mit seiner spirituellen Weltsicht in Verbindung. Die Funktion der Hörner, wie auch der Klauen, hat für ihn mit der Zirkulation von astralischen und ätherischen Kräften innerhalb des Tierkörpers zu tun, welche die Kuh wiederum für ihre Verdauung braucht. Unter dem Astralen versteht Steiner die seelische Ebene, unter dem Ätherischem die lebendige – komplementär zur physischen. Für Steiner verhindert das Horn, dass jene Kräfte aus dem Körper der Kuh entweichen: «Was geschieht an den Stellen, wo die Klaue, das Horn wachst? Da wird ein Ort gebildet, der in besonders starker Weise die Strömungen nach innen sendet. Da wird das Äussere ganz besonders stark abgeschlossen. (...) Die Kuh hat Hörner, um in sich hineinzusenden dasjenige, was astralisch-ätherisch gestalten soll, was da vordringen soll beim Hineinstreben bis in den Verdauungsorganismus, so dass viel Arbeit entsteht gerade durch die Strahlung, die von Hörnern und Klauen ausgeht, im Verdauungsorganismus.» Steiner hat seine Theorie über das Kuhhorn nur mündlich dargelegt, und aufgrund der Mitschrift seines Vortrags wird nicht ersichtlich, wie er auf die Verbindung zwischen Hörnern und Verdauung gekommen ist. Doch seine Idee hallt bis heute nach.

Seither hat es aus anthroposophischen Kreisen immer wieder Versuche gegeben, Steiners Ansätze zur Verbindung zwischen

Horn und Verdauung wissenschaftlich zu belegen – bisher allerdings ohne Erfolg. Auch Spengler Neff hat einen anthroposophischen Hintergrund. Der in Witzenhausen angesiedelte Fachbereich Ökologische Agrarwissenschaften der Universität Kassel, wo sie ihre Doktorarbeit geschrieben hat, ist nicht nur komplett auf biologische Landwirtschaft ausgerichtet, auch die biodynamische Landwirtschaft wird dort gelehrt und erforscht. Zur Anthroposophie hat Spengler Neff ein pragmatisches Verhältnis. «Für meine wissenschaftliche Arbeit ist sie insofern wichtig, als die philosophischen Grundlagenwerke Steiners mir als Werkzeuge dienen, um die Beobachtung meines eigenen Denkens sowie dessen Sachbezogenheit zu verbessern.» Auch wenn man die Wirkung biodynamischer Methoden, allen voran der Präparate, nicht erklären könne, sei diese teilweise deutlich beobachtbar und auch wissenschaftlich nachweisbar. Doch es gibt auch ganz andere, von Steiner und der Demeter-Bewegung unabhängige Anhaltspunkte, um bei Wiederkäuern einen Zusammenhang zwischen der Verdauung und den Hörnern zu vermuten.

Es beginnt schon bei der Tatsache, dass nur Wiederkäuer überhaupt Hörner ausbilden. Vom Hausrind – so wird die Unterart des Auerochsen offiziell genannt, die der Mensch vor Jahrtausenden domestiziert hat und bis heute vielfältig nutzt – gibt es weltweit gegen hundertfünfzig verschiedene Rassen. Wenn wir an Kühe denken, haben die meisten von uns ein Bild vor Augen, das von der europäischen Landwirtschaft geprägt ist: schwarz-weiss gescheckte Holstein, matt schimmerndes Braunvieh oder weiss-braun gescheckte Simmentaler. Doch die äusseren Merkmale zwischen den verschiedenen Rassen können viel markanter sein – insbesondere bei den Hörnern. Beim weltweiten Vergleich der mannigfaltigen Hörnerformen wurde eine bemerkenswerte

Entdeckung gemacht: Je kargeres Futter die Rinder fressen, also tendenziell in heisseren, trockeneren Gebieten, desto grössere Hörner bilden sie aus. Umgekehrt kommen kleine Hörner und genetisch hornlose Rassen fast nur in klimatisch gemässigten Gebieten mit saftigem Grasland vor. Auch zwischen den Hörnern und dem Körperbau gibt es einen Zusammenhang: Je grösser die Hörner, desto schlanker der Körper. Riesige Hörner haben zum Beispiel die in den USA heimischen Texas Longhorns oder das ostafrikanische Watussirind. Wenn man nicht weiss, wie diese Tiere mit ihren wuchtigen Hörnern aussehen, lohnt sich eine Bildsuche im Internet. Im Gegensatz dazu bilden die aus Schottland stammenden Rinderrassen Galloway und Aberdeen Angus oder das in Nordschweden lebende Fjällrind gar keine Hörner mehr aus. Diese Beobachtungen haben zunächst zur Entdeckung einer weiteren Funktion der Hörner geführt: Die Tiere regulieren darüber die Temperatur in ihrem Körper, wie eine Klimaanlage. Man könne dies sogar von Hand spüren, sagt Spengler Neff. «Ein Kuhhorn fühlt sich wärmer an als die Haut am Rücken einer Kuh.» In einer Studie hat ein Forschungsteam an der Universität im kanadischen Sherbrooke die Wärmeübertragungsfähigkeit von Hörnern von Rindern untersucht, die in unterschiedlichen klimatischen Bedingungen heimisch sind. Das Resultat: Die kleinen Hörner derjenigen Tiere, die in gemässigten Gebieten leben, geben weniger Wärme ab. Wäre ein in gemässigtem Klima heimisches Rind mit gleich grossen Hörnern mit gleich grosser Oberfläche ausgestattet wie eines aus einem tropischen Gebiet, würde es etwa 25 Prozent mehr Wärme abgeben können – je grösser das Horn, desto grösser der klimatisierende Effekt.

Bei Spengler Neffs ersten Untersuchungen zu den Hörnern ging es hingegen nicht um Wärme oder andere Formen von Energie wie bei Steiner, sondern schlicht um die Frage, ob das Horn irgendeine Rolle bei der Verdauung der Kühe spielt. Genährt wird diese Vermutung vom Wissen um das Innenleben des Horns: Während die Kuh verdaut, steigen Gase wie Methan aus dem Pansen auf und durch das Maul und die Stirnhöhlen in den Hohlraum im Innern des Horns, der über die Jahre einen immer grösseren Teil desselben einnimmt. Manche vermuten nun, dass im Horn ein Austausch zwischen verschiedenen Gasen stattfindet, der für die Verdauung wichtig ist. Der Senn Martin Bienerth hat während des Gesprächs in Andeer sogar erzählt, beim Wiederkäuen würden die Verdauungsgase aus dem Magen auch ins Gehirn gelangen – darum seien die Kühe beim Wiederkäuen oft so weggetreten. Dass die Kühe dabei «high» werden, sei nur ein Nebeneffekt, denn durch die Gase würden Informationen über den Verdauungsprozess vom Magen ans Gehirn gesendet. Doch so weit wollte Spengler Neff bei der Untersuchung der Herde in Rheinau gar nicht spekulieren. Die Herde war zu einem Drittel enthornt, und so konnte sie verschiedene Verdauungsparameter zwischen den beiden Gruppen vergleichen. «Ich habe alle möglichen Parameter mit dem Hornstatus korreliert – aber bezogen auf die Verdauung habe ich keinen Zusammenhang gefunden. Es lässt sich bis heute nicht wissenschaftlich zeigen, dass eine Kuh, die keine Hörner trägt, spezielle Probleme mit ihrer Verdauung hat.» Sie könne sich aber vorstellen, dass der widerstandsfähige Körper der Kuh den Mangel der fehlenden Hörner ausgleiche.

Seit jenen ersten Versuchen hat Spengler Neff an verschiedenen Forschungsprojekten mitgearbeitet, die sich mit Hörnern beschäftigten. In einer 2017 publizierten Studie stiess sie zwar nicht direkt auf eine Funktion des Horns, konnte mit ihrem Team aber eine weitere langjährige Vermutung dingfest machen: Wird ein Kalb ganz am Anfang seines Lebens enthornt, führt dies zu einer anderen Entwicklung seiner Kopfform. Die Forschung für die Studie fand für einmal nicht auf einem Bauern-, sondern auf einem Schlachthof statt. Dort untersuchte Spengler Neffs Team zweihundertdreissig Schädel und verglich die Formen zwischen den behornten und den unbehornten. Es stellte sich heraus: Bei den Tieren, die als Kälber enthornt werden, verändert sich im Verlauf des Lebens häufig die Schädelform. Die meisten Schädel von enthornten Tieren sind etwas schmaler und weisen erhöhte, gewölbte Stirnbeinformen auf. Den Unterschied könne man auch als Laie relativ gut erkennen. Einen eindeutigen Schluss könne man aus den Befunden der Studie zwar nicht ziehen, sagt Spengler Neff. «Es scheint aber, als würde die Kuh durch die Verformung des Schädels eine Funktion kompensieren, die sonst von den Hörnern erfüllt würde – oder zumindest einen Prozess, bei dem das Horn eine Rolle spielt.» Auch dieser Befund kann wiederum als Hinweis auf die Plausibilität der Verdauungsthese verstanden werden, und so ist es wahrscheinlich, dass diese die Forschung noch weiter beschäftigen wird.

Während die Studie zu den Schädelformen eher zur Horn-Grundlagenforschung gehört, war ein anderer Teil von Spengler Neffs Forschung – zusammen mit Claudia Schneider, Christoph Menke und Susanne Waiblinger – auf die landwirtschaftliche Praxis ausgerichtet. So etwa eine Untersuchung zu den Auswirkungen des Einbaus von Strukturierungselementen in Laufställen auf behornte Milchkühe. Doch in das FiBL-Merkblatt «Die Bedeutung der Hörner für die Kuh», dessen Hauptautorin Spengler Neff ist, flossen nicht nur ihre eigene, sondern unzählige Forschungsergebnisse aus der ganzen Welt ein. Der grösste Teil davon, vor allem derjenige, der sich neben der Biologie des Horns auch für den landwirtschaftlichen Umgang damit interessiert, kommt aus dem deutschsprachigen Raum. Diese Tatsache weise aber nicht in erster Linie darauf hin, dass es hier mehr am Thema interessierte Forscherinnen und Forscher gebe, sondern vor allem auf die Geschichte und den Charakter der europäischen Landwirtschaft, wie Spengler Neff erklärt: «Während die amerikanische Landwirtschaft sehr früh industriell organisiert wurde und Rinder dort schon seit Anfang des zwanzigsten Jahrhunderts enthornt werden, fing diese Entwicklung in Europa erst in den siebziger Jahren an. Obwohl auch hier vor allem die grossen Betriebe flächendeckend zu enthornen anfingen, haben sich gleichzeitig mehr kleinbäuerliche Strukturen erhalten. Die frühen Impulse für Forschungen über das Kuhhorn kamen aus diesen kleinbäuerlichen Kreisen oder aus der Demeter-Bewegung.» Doch auch in den USA steige derzeit das Interesse am Kuhhorn, was sie daran erkenne, dass beim FiBL immer wieder Anfragen eingehen, ob man das Merkblatt zu den Hörnern auf Englisch übersetzen könne. Mittlerweile ist es übersetzt und wird in den USA von mehreren anthroposophischen Organisationen vertrieben. Doch Anfragen kamen nicht nur aus den USA, sondern auch aus Indien und Dänemark. Das FiBL-Merkblatt zu den Laufställen ist bereits auf Dänisch erhältlich.

Im Merkblatt zur Bedeutung der Hörner für die Kuh werden noch weitere bekannte Funktionen genannt. Zur Körperpflege kratzen sich die Tiere mit ihren eigenen Hörnern oder an den Hörnern einer anderen Kuh das Fell. Zum Bereich der Kommunikation gehört die Funktion der Hörner als Erkennungsmerkmal: Da Kühe nur etwa zehn Meter weit und in einem beschränkten

> «Die frühen Impulse für Forschungen über das Kuhhorn kamen aus kleinbäuerlichen Kreisen oder aus der Demeter-Bewegung.»

Radius sehen, helfen ihnen die Hörner dabei, bestimmte Tiere aus der Distanz zu erkennen. Ausserdem wird vermutet, dass die Hörner bei der Atmung eine Rolle spielen, da die sehr grossen, mit Schleimhäuten überzogenen Nasennebenhöhlen bis in den Hohlraum des Horns hineinreichen. Nicht im Merkblatt aufgeführt ist die Theorie, dass die Hörner einen Einfluss auf die Qualität der Milch haben könnten. Mit der spagyrischen Analyse zum Beispiel, bei der die kristalline Struktur verbrannter Rückstände der Milch untersucht wird, soll sich angeblich zeigen lassen, dass die Milch von behornten Kühen eine organischere Struktur aufweist und für uns daher bekömmlicher ist als diejenige von enthornten Kühen. Diese Methode ist wissenschaftlich allerdings nicht anerkannt. Nicht zu verwechseln ist die spagyrische Analyse mit einer anderen, anerkannten Methode der Kristallanalyse: der Kupferchloridkristallisation. Auch mit dieser wurde schon versucht, einen Zusammenhang zwischen Hornstatus und Milchqualität nachzuweisen; bisher wurde ein solcher aber nicht gefunden.

Abgesehen von wilden Spekulationen und esoterischen Theorien ist also ein kleiner Katalog von gut untersuchten Funktionen des Kuhhorns bekannt, und gewisse Befunde weisen auf mögliche Erklärungen in der Zukunft hin. Trotzdem stellt Spengler Neff fest: Diese Argumente reichen oft nicht aus, um Bäuerinnen und Bauern, die enthornen wollen, davon abzubringen. «Mit dem heutigen Wissensstand können wir kaum argumentieren, dass eine Kuh ohne Hörner ein schlechteres Leben hat als ihre Artgenossin mit Hörnern – vorausgesetzt natürlich, die Hörner wurden ihr ohne grosse Schmerzen entfernt oder sie wurde bereits hornlos gezüchtet.» Abgesehen davon müsse man auch Verständnis haben für die Perspektive der Bäuerinnen und Bauern. «Mir ist es wichtig, nicht alle, die enthornen, pauschal zu verunglimpfen. Der Umgang mit Hörnern ist anspruchsvoll – ich verstehe daher, dass sich manche dagegen entscheiden.» Man müsse ausserdem bedenken, dass auch Laufställe, mit denen die Hörner erst zum Problem wurden, oft im Gedanken an das Tierwohl gebaut würden. Daher sei es gut, dass die Hornkuh-Initiative einen pragmatischen Ansatz verfolge: dass man diejenigen unterstützt, die sich für Hörner entscheiden, die anderen aber nicht verurteilt.

Ein weiterer Grund für den Widerstand gegen das Enthornen kommt hingegen nicht von der Überzeugung her, dass Kühe ihre Hörner brauchen, sondern von Bedenken gegenüber dem eigentlichen Vorgang des Enthornens. Der Eingriff wird in der Schweiz jährlich an rund zweihunderttausend Kälbern vorgenommen. Wenn man sich den Aufbau eines Horns etwas genauer anschaut, wird verständlich, worauf jene Bedenken beruhen. Um zu veranschaulichen, was ein Horn biologisch gesehen ist, vergleicht man es am besten mit einem Geweih. Während das Geweih ausschliesslich aus totem Knochenmaterial besteht, das jährlich abgeworfen und wieder neu gebildet wird, ist das Horn lebendig und viel stärker mit dem Kopf verbunden. Im FiBL-Merkblatt zur Bedeutung der Hörner heisst es: «Das eigentliche Horn ist eine Bildung der Haut, in welche ein Knochenzapfen hineinwächst, der durchblutet, mit Nerven versehen und mit der Stirnhöhle verbunden ist. Das Horn wächst lebenslang.» Auf der Innenseite ist dieser Knochenzapfen mit einer feinen Schleimhaut ausgekleidet. Wenn einer Kuh die Hörner abgeschnitten werden, ist das also nicht damit vergleichbar, dass wir uns die Nägel schneiden, es ist eher so, als würde ihr ein Teil ihres Kopfes abgetrennt. Nun werden erwachsene Tiere heute aber aus Tierschutzgründen nur noch selten enthornt. Üblich ist, den Kälbern schon vor der vierten Lebenswoche die noch winzigen Hornanlagen am Kopf mit einem Brenneisen auszubrennen. Im Gegensatz zu Deutschland, wo Kälber bis zur sechsten Lebenswoche ohne Betäubung enthornt werden dürfen, schreibt das Schweizer Tierschutzgesetz vor, dass diese Operation nur unter Lokalanästhesie und von einer dafür ausgebildeten Person ausgeführt werden darf. Dennoch ist umstritten, wie gross das Leiden der Kälber dabei tatsächlich ist. Gegenüber der «Frankfurter Allgemeinen Zeitung» bestätigt Adrian Steiner, Leiter der Nutztierklinik an der Fakultät für Veterinärmedizin der Universität Bern, dass Kälber nach dem Abklingen der Betäubung noch einige Tage unter Schmerzen leiden. Doch auf Schmerzmittel werde in dieser Zeit meistens verzichtet. In einer Anfang 2018 publizierten Studie hat ein Forschungsteam, ebenfalls an der Universität Bern, herausgefunden, dass Kälber nach dem Enthornen noch länger unter Schmerzen leiden als bisher angenommen – noch während 24 Stunden traten bei den untersuchten Kälbern akute Schmerzen auf. Untersucht wurden in dieser Studie auch die Langzeitschmerzen; die entsprechenden Ergebnisse wurden zwar noch nicht wissenschaftlich publiziert, doch bereits in einem Vortrag präsentiert und die Folien dazu im Internet zugänglich gemacht. Demnach waren bei 21 Prozent der Kälber auch drei Monate nach der Enthornung noch Langzeitschmerzen feststellbar.

> Bei 21 Prozent der Kälber waren auch drei Monate nach der Enthornung noch Langzeitschmerzen feststellbar.

Doch die Hornfrage lässt sich auch grundsätzlicher diskutieren – jenseits der Frage nach dem Wohlbefinden der Tiere. Denn auch wenn wir annehmen, dass Kälber komplett schmerzfrei enthornt werden könnten, und davon ausgehen, dass auch Kühe ohne Hörner ein erfülltes Leben haben, muss das Problem damit nicht aus der Welt geschafft sein. Für Spengler Neff geht es vor allem um die Integrität des Tiers, die für sich einen Wert habe. «Wenn ein Tier ein Körperteil ausbildet, dann bin ich grundsätzlich der Meinung, dass wir nicht das Recht haben, ihm dieses wegzunehmen. Auch wenn man dessen Funktion noch nicht genau versteht, kann man prinzipiell davon ausgehen, dass seine Existenz einen Grund und ihre Berechtigung hat.» Die Hornfrage auf diese Weise unabhängig vom Problem der Enthornung zu stellen, ist nicht nur ein abstraktes philosophisches Gedankenexperiment, es könnte schon bald die einzige Weise sein, wie wir über das Für und Wider von Hörnern sprechen. Die Rede ist von einer Entwicklung, die vor nicht allzu langer Zeit noch undenkbar gewesen wäre, aber bald schon enorme Auswirkungen auf die Rinderhaltung haben könnte, wie Spengler Neff vermutet. «Die Züchtung von hornlosen Rindern nimmt rasant zu. Es ist durchaus möglich, dass gewisse Rassen schon in wenigen Jahren komplett genetisch hornlos sind. Wenn das einmal geschehen ist, kann die genetische Veränderung für diese Rassen kaum mehr rückgängig gemacht werden.» Diese Prognose deckt sich mit der eingangs zitierten Einschätzung von KAGfreiland im Rahmen der Umfrage von 2014. Hinzukommt, dass die Hornanlage rezessiv vererbt wird, sich bei Paarungen von genetisch hornlosen Tieren mit solchen, die über das Horn-Gen verfügen, also die Hornlosigkeit durchsetzt. Die Entwicklung überrascht kaum, wenn man an die Vorteile für die Betriebe denkt. «Sie sparen Geld und Arbeit – und die Tiere haben keine Schmerzen. Niemand findet es schön, die eigenen Tiere enthornen zu müssen», sagt Spengler Neff. Darum wollten gerade auch viele Biobetriebe auf eine züchterische Möglichkeit zurückgreifen. Die derzeitige Verbreitung von hornlosen Züchtungen hängt allerdings stark von der Rasse und der Art ihrer Nutzung ab. Beim Original Braunvieh – das ist die Kuhrasse, die auch bei

Armin Capaul im Stall steht – sei der Anteil enthornter Tiere noch verschwindend klein, und genetisch hornlose gebe es bisher nicht. Doch beim Fleckvieh sehe es schon ganz anders aus: Spengler Neff schätzt, dass bei den Mutterkühen der Simmentaler bereits die Hälfte hornlos gezüchtet ist. Bei den Holstein schätzt sie den Anteil auf etwa dreissig Prozent. Für die Rasse Red Holstein gebe es gar Berechnungen von Genetikern, wonach diese schon in fünf Jahren komplett genetisch hornlos sein könnte. Diese Entwicklung sei für sie eine wichtige Motivation gewesen, sich für die Initiative zu engagieren. «Es macht mir Sorgen, dass die Hörner plötzlich in diesem rasanten Tempo verschwinden sollen. Vor allem auch darum, weil wir über ihre Funktion noch immer wenig wissen.» Wenn man sich die gegenwärtige Situation anschaue, komme die Initiative genau zum richtigen Zeitpunkt. Denn der Punkt, an dem gewisse hornlose Züchtungen unumkehrbar sind, sei noch nicht erreicht. Bei Swissgenetics, dem grössten Anbieter von Samendosen von Stieren in der Schweiz, findet man bei allen Rassen noch Samen von behornten Tieren. Dass dort Samen von genetisch hornlosen Stieren angeboten werden, ist noch relativ neu – seit 2015 sind die hornlosen Tiere im Stierenkatalog mit einem Logo markiert. Die Samenverkäufer richten ihr Angebot nach der Nachfrage – es kommt also vor allem auf die Bäuerinnen und Bauern an, wie schnell sich die genetisch hornlosen Tiere ausbreiten. Dabei vermutet Spengler Neff zumindest eine relativ stabile Grenze, bis zu der sich die hornlosen Züchtungen durchsetzen können. Diejenigen Schweizer Betriebe, die heute schon behornte Tiere halten, also knapp 25 Prozent, würden daran in nächster Zeit wohl nichts ändern. «Doch bei den restlichen Betrieben ist ein Rückgang der Enthornungen und eine Zunahme hornlos gezüchteter Tiere zu erwarten.» Von einer allfälligen Umsetzung der Initiative würde sie sich erhoffen, dass diese Entwicklung zumindest ein bisschen gebremst wird. «Der Beitrag könnte einigen Bäuerinnen und Bauern den Entscheid gegen hornlos gezüchtete Kühe erleichtern.» Im Gegensatz zu einer Rasse wie Angus, die schon vor Jahrhunderten hornlos gezüchtet wurde und nur noch so existiert, weiss man über die hornlosen Züchtungen bisher horntragender Rassen noch wenig – auch weil der Anfang ihrer Verbreitung so kurz zurückliegt. Am Beispiel der Studie zur Veränderung der Schädelform bei enthornten Rindern, an der Spengler Neff mitgearbeitet hat, lässt sich das gut veranschaulichen. «Es wäre interessant gewesen, zu erfahren, ob dieselben Verformungen auch bei den Schädeln der hornlos gezüchteten Tiere auftreten. Doch es gab 2013, als wir die Forschung durchführten, noch schlicht zu wenige davon. Von den zweihundertdreissig untersuchten Schädeln stammte gerade mal ein einziger von einem hornlos gezüchteten Tier. Heute wäre der Anteil bedeutend höher.»

Ob das Wegzüchten des Horn-Gens in gleicher Weise als Eingriff in die Integrität des Tiers zu werten ist wie eine Enthornung, bleibt zu debattieren. Mag dem einzelnen Tier auch keine Gewalt angetan werden, so ist der Eingriff über die gesamte Rasse oder Art betrachtet doch deutlich schwerwiegender – immerhin könnten die Folgen bei gewissen Rassen endgültig sein. In jedem Fall wird die körperliche Integrität des Tiers bereits heute durch das Schweizer Tierschutzgesetz geschützt: als Teil seiner Würde. Das Gesetz sieht die Würde eines Tiers unter anderem dann verletzt, wenn «tiefgreifend in sein Erscheinungsbild» eingegriffen wird. Die Würde der Kreatur, bei der auch Tiere mitgemeint sind, ist bereits

> Das Tierschutzgesetz sieht die Würde eines Tiers verletzt, wenn «tiefgreifend in sein Erscheinungsbild» eingegriffen wird.

seit 1992 durch die Bundesverfassung geschützt. 2008 wurde die Tierwürde im Zuge einer Totalrevision des Tierschutzrechts auch im Tierschutzgesetz verankert. Es stellt sich also die Frage, ob die durch Verfassung und Gesetz geschützte Tierwürde nicht bereits heute eine Grundlage bietet für ein Verbot von Enthornungen. Im Rahmen einer von der Stiftung für das Tier im Recht herausgegebenen Reihe erschien 2011 eine juristische Studie darüber, ob das Enthornen von Rindern mit der gesetzlich verankerten Tierwürde vereinbar ist. Die Studie kommt zum Schluss, dass diese Praxis den Grundprinzipien des Schweizer Tierschutzrechts widerspricht: «Das Enthornen stellt eine Misshandlung und einen massiven Eingriff in die tierliche Würde dar. Dieser ist derart schwerwiegend, dass er durch die entgegenstehenden Interessen nicht gerechtfertigt werden kann – auch wenn er (vor allem bei der Laufstallhaltung) in der modernen Landwirtschaft weit verbreitet ist und routinemässig vorgenommen wird.»

Wenn man den Begriff der Würde ernst nimmt, ermöglicht er, Enthornungen und hornlose Züchtungen noch auf einer anderen Ebene infrage zu stellen. Im Tierschutzgesetz wird die Würde zunächst als «Eigenwert des Tiers» bestimmt. Die Verletzung der Tierwürde bedeutet dem Kerngedanken des Gesetzes nach: die Instrumentalisierung des Tiers durch den Menschen. Philosophisch kann man diesen Begriff der Würde als Erweiterung des von Immanuel Kant formulierten kategorischen Imperativs auf Tiere sehen. Darin stellt Kant die Pflicht auf, «andere niemals bloss als Mittel, sondern jederzeit zugleich als Zweck an sich selbst» zu behandeln. Ein Tier auch als Zweck zu behandeln, setzt voraus, sich seine eigene Entfaltung, ganz unabhängig vom Menschen, vorzustellen und diese zu respektieren. In ihrem offiziellen Titel, «Für die Würde der landwirtschaftlichen Nutztiere» bedient sich auch die Hornkuh-Initiative des Begriffs der Würde. Doch nicht nur deshalb ist es interessant, diesen Begriff mit der Hornfrage zu verknüpfen. Denn er bietet Hand dazu, die herrschenden Verhältnisse in der Landwirtschaft grundsätzlich infrage zu stellen. Wenn man nämlich statt nur nach Glück und Schmerz des Tiers auch nach der Wahrung seiner Würde fragt, so dreht sich der Spiess um: Demnach müsste sich nicht mehr in erster Linie der Körper des Nutztiers den Anforderungen der Landwirtschaft fügen – den Ställen, dem Kostendruck oder der Produktivität –, sondern die Landwirtschaft selbst müsste so organisiert werden, dass sie der Würde des Tiers gerecht wird. Dies ist die utopische Perspektive auf eine ganz andere Landwirtschaft, die das Kuhhorn provoziert. Natürlich kann man nun richtigerweise einwenden, das Kuhhorn habe in vielen Nischen der heutigen Landwirtschaft gut Platz. Doch das hiesse, die Provokation einfach zu ignorieren. Gerade weil das Enthornen von Kälbern unter strengen Regeln nicht so offensichtlich grausam ist wie etwa das in der Schweiz verbotene Coupieren von Hühnerschnäbeln und mit den hornlosen Züchtungen sogar eine schmerzfreie Entfernung der Hörner möglich ist, zeigt sich die Hornfrage als Frage der Würde und als Tor zu einer Utopie.

Freilauf, Tierschutz, «Chüenis»:

Die Beziehung zwischen Mensch und Kuh

Freilauf,
Tierschutz,
«Chüenis»

Armin Capaul tanzt zu einem Gitarrensolo von Jimi Hendrix durch seinen kleinen Kuhstall und raucht Zigarette. Mit dieser Szene beginnt ein Video der NZZ, über das ich, wie viele andere wohl auch, zum ersten Mal von Capaul und seiner Hornkuh-Initiative erfahren habe. Allein auf Facebook wurde das Video schon über eine Million Mal angeschaut. Es ist ein ikonisches Bild des Alt-68ers, der noch immer am liebsten die Musik aus dieser Zeit hört. Als Capaul mich nach unserem Gespräch auf seinem Hof im Berner Jura in seinem kleinen Auto wieder zurück zum Bahnhof Moutier fährt, erzählt er, wie seine geliebte Flowerpowermusik zu ihm in den Stall kommt. Im Mansardenzimmer seines Hauses stehen ein kleiner Fernseher und ein Videorekorder, mit denen er ab und zu ein Konzert aufnimmt. «Ich picke die besten Stücke heraus und überspiele sie auf Hörkassetten. Wenn ich im Stall arbeite, spiele ich sie ab.» Ich frage Capaul, wie seine Kühe auf die Musik reagieren. «Ich glaube, den Kühen ist die Musik egal», gibt er zur Antwort. «Aber sie freuen sich, weil sie sehen, dass ich mich freue.» Die Anekdote steht sinnbildlich für die intensive Beziehung, die Capaul zu seinen Kühen pflegt. Er behauptet sogar, er könne mit ihnen sprechen und erhalte von ihnen auch klare Antworten. So hätten ihm die Kühe eines Tages gesagt, er solle sich dafür einsetzen, dass sie ihre Hörner behalten dürfen; damit hätten sie ihm den entscheidenden Anstoss dafür gegeben, politisch aktiv zu werden. Die intensive Beziehung zu den Tieren ist ein wichtiger Teil von Capauls Vorstellung einer ganzheitlichen Landwirtschaft. Als Bauer sieht er sich als Teil eines natürlichen Kreislaufs, den er wachsam beobachtet und dem er dient. Wenn Capaul über seine Beziehung zur Natur spricht, dann erscheinen die Weiden und Bäume in der kleinen Talsenke, in welcher der Hof der Capauls liegt, als ein kleiner Kosmos, in dem es um viel mehr geht als die

Produktion von Nahrungsmitteln. Von Betrieben hingegen, die vor allem nach betriebswirtschaftlicher Logik geführt werden, grenzt Capaul sich entschieden ab. Den Schweizer Bauernverband, der eine intensive, auf möglichst hohe Produktivität ausgerichtete Landwirtschaft fördert, würde er darum glatt umbenennen in: Schweizer Landwirtschaftsverband. Eine Bäuerin oder ein Bauer soll in seinen Augen nach Höherem streben.

Der Stall, in dem die acht Kühe, zwei Jungrinder und der Stier der Capauls leben, ist ein Anbindestall. Das heisst, dass die Kühe sich darin nicht frei bewegen können oder je nach Perspektive auch müssen, sondern an ihrem jeweiligen Platz angebunden sind. Allerdings erfüllen Capauls auf ihrem Hof die Bedingungen des nationalen RAUS-Programms (Regelmässiger Auslauf im Freien). Das 1996 eingeführte Programm schreibt vor, dass die Kühe im Sommer an mindestens 26 Tagen pro Monat Auslauf auf der Weide haben, im Winter an mindestens 13 Tagen. Capaul sagt, seine Kühe seien deutlich häufiger auf der Weide als vom Programm vorgeschrieben – im Sommer sogar Tag und Nacht. Das habe er allerdings schon so gehandhabt, bevor es dieses Programm gab, dazu reiche der gesunde Menschenverstand, wie er sagt. Die Weide muss gemäss dem Programm ausserdem genug gross bemessen sein, damit die Tiere einen wesentlichen Teil ihres Tagesbedarfs an Raufutter beim Grasen decken können. «Für mich ist das selbstverständlich», sagt Capaul, «deshalb bekommen meine Kühe nur Gras und Heu zu fressen, also kein Gramm Kraftfutter.» In der Schweiz steigt der Anteil der Betriebe, welche die RAUS-Bedingungen für Rindvieh erfüllen, kontinuierlich an – 2016 waren es bereits 84 Prozent. Unabhängig vom Auslauf auf der Weide setzte sich ab den achtziger Jahren jedoch die Ansicht durch, dass Laufställe, in denen die Tiere jederzeit frei herumlaufen können, generell tierfreundlicher sind als Anbindeställe; entscheidend dafür war auch das Engagement des Schweizer Tierschutzes (STS), der einflussreichsten Tierschutzorganisation im Land. Die Verbreitung der Laufställe geschah derweil nicht nur aus ethischer Überzeugung – das Stallsystem ist für die Betriebe auch attraktiv: Die Baukosten pro Tier liegen tiefer als bei einem Anbindestall und die Arbeitsbelastung ist geringer, weil das Melken vereinfacht wird und die Tiere nicht ständig an- und losgebunden werden müssen. Ausserdem werden Laufställe durch Labels und staatliche Subventionen gefördert. Seit den neunziger Jahren wird die Laufstallhaltung in den Bio-Richtlinien vorgezogen. Seit 1996 belohnt der Bund den Bau von Laufställen: über das Programm BTS (Besonders tierfreundliche Stallhaltung), das neben vielen anderen Regeln auch die Bewegungsfreiheit der Tiere im Stall vorschreibt. Capaul sagt, dass laut dem Programm aber schon eine Betonplatte als Auslauf reiche, es schreibe keinen Auslauf auf der Weide vor. Durch all diese Faktoren bedingt, nimmt der Anteil der Laufställe in der Schweizer Landwirtschaft kontinuierlich zu: 48 Prozent der insgesamt 570 000 Schweizer Milchkühe wurden 2016 in einem Laufstall gehalten.

Im Gegensatz zum STS und der Landwirtschaftspolitik des Bundes ist Capaul ein dezidierter Verfechter des Anbindestalls. Denn nur dieses Stallsystem werde der intensiven Beziehung zwischen Mensch und Tier gerecht, die seit der Domestizierung des Rinds vor Tausenden von Jahren existiere, wie Capaul im Gespräch auf seiner Terrasse erklärt: «Die Beziehung, die ich zu meinen Kühen pflege, ist nur mit einem Anbindestall möglich. Wenn ich die Kühe an- oder losbinde, komme ich mit ihnen in Berührung.

Ich streichle und umarme sie oder spreche mit ihnen. Wenn es diesen Kontakt nicht gibt, sind die Tiere schon nach kurzer Zeit nicht mehr an Menschen gewohnt und verwildern.» Das direkte Gegenstück dazu verkörpert der Stall des Bauern Jürg Oberli im Emmentaler Dorf Sumiswald: Das Füttern, Melken und Misten wird darin komplett von Robotern erledigt, der Kontakt zwischen Mensch und Tier ist auf ein Minimum reduziert. Ob eine Kuh brünstig ist oder Fieber hat, wird laut einem Artikel in der Zeitung «Blick» nur noch am Computerbildschirm kontrolliert. Doch so weit muss es für Capaul gar nicht gehen, erschwert ist der Umgang mit den Tieren seiner Meinung nach in jeglicher Art von Freilaufstall. Wenn ein Tier, das in einem solchen Stall lebe, zum Beispiel von einem Tierarzt untersucht werden müsse, werde es schwierig, es festzuhalten. Claudia Capaul ergänzt: «Das Wort ‹Freilaufstall› klingt so toll – dabei stehen die Tiere in diesen Ställen nur herum und können nicht in Ruhe liegen. Weil sie zwar direkt miteinander interagieren können, aber gleichzeitig zu wenig Platz haben, um ihre Rangkämpfe auszuleben, sind vor allem die schwächeren Tiere ständig gestresst. Die Kühe in unserem Stall können ihre Rangordnung auf der Weide aushandeln, wo sie genug Platz dafür haben; doch während sie im Stall angebunden sind, sind sie davon befreit und können sich in Ruhe aufs Wiederkäuen konzentrieren.»

Der STS ist anderer Meinung – für den Verband ist das Halten von Kühen in Anbindeställen Tierquälerei. Weil er befürchtet, dass die Annahme der Hornkuh-Initiative dazu führen könnte, dass wieder mehr Kühe in Anbindeställen gehalten werden, hat sich die Tierschutzorganisation kritisch zur Initiative geäussert. Zwar unterstützt sie grundsätzlich ihr Anliegen, dass Förderbeiträge für Hörner ausbezahlt werden, betont in einer offiziellen Stellungnahme aber auch: «Der Schweizer Tierschutz STS wird vehement dagegen ankämpfen, dass davon auch Abertausende Landwirte profitieren, deren Tiere den Grossteil des Lebens angebunden im Stall verbringen müssen.» Wenig überraschend ist Capaul auf den STS nicht gut zu sprechen – insbesondere nicht auf deren Geschäftsleiter Hansuli Huber. Capaul vermutet, dass es gar nicht die Initiative ist, die Huber stört, sondern vor allem die Tatsache, dass er nicht selber auf die Idee dazu gekommen ist. «Huber ist der mächtigste Tierschützer im Land, beim Bundesamt für Landwirtschaft geht er ein und aus. Darum nervt es ihn doch, dass er das Thema verpasst hat, und nun ein anderer im Rampenlicht steht.» Die Laufställe seien Hubers grosses Prestigeprojekt, darum lasse er keine Kritik daran zu. Nun instrumentalisiere er die Stalldiskussion, um etwas gegen seine Initiative in der Hand zu haben. «Dabei wurden den Tieren ja erst beim Aufkommen der Laufställe die Hörner abgesägt – ist das denn tierfreundlich?»

Für Hansuli Huber beruht bereits die Frage nach der Verwilderung von Tieren im Laufstall auf einem «Informationsdefizit», wie er auf Anfrage schriftlich erklärt. «Armin Capaul bindet Menschen, die über die verschiedenen Stallsysteme nicht informiert sind, mit seiner Verwilderungstheorie einen Bären auf.» Der STS akzeptiere auch Anbindeställe, aber nur unter der Bedingung des täglichen Auslaufs oder Weidegangs; und er empfehle jedem Bauern, der neu baut, einen Freilaufstall samt Auslauf und Weide. «Im Anbindestall umfasst der Lebensraum einer Kuh gerade mal 1,2 mal 2 Meter. Sie ist an der Krippe angekettet und kann nicht viel mehr als Liegen oder Stehen. Zu den Voraussetzungen für eine tierfreundliche Haltung gehören hingegen möglichst viel Platz und Freiheit für die Tiere.» Immerhin geht der Geschäftsleiter

> «Armin Capaul bindet den Menschen mit seiner Verwilderungstheorie einen Bären auf.»

des STS mit Capaul insofern einig, dass die Beziehung zwischen Mensch und Tier für das Wohl der Tiere entscheidend ist: «Tatsache ist, dass jedes Stallsystem nur so gut ist wie der Mensch, der dahintersteht und die Kühe pflegt und umsorgt.»

Huber bestreitet, dass der STS das Hornthema verpasst hat; im Gegenteil vertrete der Verband seit über dreissig Jahren die Haltung, dass man Kühe nicht enthornen soll, und engagiere sich schon viel länger als Capaul dagegen, etwa mit der Finanzierung von Studien an der ETH Zürich. Im Gegensatz zum Schnabelcoupieren beim Geflügel sei der wissenschaftliche Beweis aber noch nicht erbracht, dass enthornte Kühe ihr Leben lang leiden. Wenn es nachgewiesen wäre, dass auch erwachsene enthornte Kühe noch Schmerzen haben, müsste das Enthornen konsequenterweise ganz verboten werden, schreibt Huber. Er vermutet daher, dass es bei der Initiative vor allem um zusätzliche Subventionen geht. «Die Initianten verlangen 365 Franken pro Hornkuh und Jahr, obwohl behornte Kühe im Anbindestall weder für Mehrarbeit sorgen noch zusätzliche Investitionen nötig machen.» Der vom STS favorisierte Weg wäre gewesen, über die Direktzahlungsverordnung einen Beitrag zu erreichen, der ausschliesslich für den Stallbau vergeben wird. Den Weg über eine Volksinitiative bezeichnet er hingegen als «sehr kostspielig, langwierig und bezüglich Ausgang höchst unsicher». «Die Stimmbürgerinnen und Stimmbürger, aber auch all die Tierfreunde und Tierschützer, welche nun die Hunderttausenden von Franken für einen Abstimmungskampf bezahlen werden, müssen wissen, dass selbst bei einer Annahme der Initiative das Parlament und der Bundesrat über die konkrete Umsetzung befinden.» Bei der heutigen Konstellation in Bundesbern werde es deshalb für den Tierschutz wohl ein Nullsummenspiel werden: Entweder werde der Hörnerbeitrag zu tief ausfallen oder aber der

Bund werde das Geld bei anderen Tierwohl-Fördermassnahmen einsparen, was fatal wäre. Daher bedaure er es, dass der STS vom Initiativkomitee weder um Unterstützung angefragt noch bei der Erarbeitung des Initiativtexts miteinbezogen worden sei.

Noch 2012 und 2013, während der Lancierung der Hörnerfranken-Petition und dem Sammeln der Unterschriften dafür, habe es zwischen dem STS und ihm einen regelmässigen Austausch gegeben, sagt Capaul. Der STS habe die Petition noch unterstützt – danach sei der Faden gerissen. Doch im September 2014, gut zwei Wochen vor der offiziellen Lancierung der Initiative, schreibt Huber ein Mail an Capaul, in dem er diesen von der Idee, eine Volksinitiative zu lancieren, abzubringen versucht. Erstens sei es gar nicht möglich, über die Verfassung einen Hörnerbeitrag durchzusetzen; eine mögliche Initiative könne höchstens ein paar Allgemeinplätze formulieren, die eh schon im Tierschutzgesetz stünden. Interessanter ist Hubers zweites Argument, weil dort auch der STS erwähnt wird: «Bundesrat und Parlament sind mit dem Start einer Initiative aus der Pflicht entlassen und werden sagen: Jetzt kann ja das Volk entscheiden! Das bedeutet, dass unser STS-Ziel, Förderung/Unterstützung für behornte Tiere mindestens für die nächsten vier Jahre in Bern abgetischt ist.» Huber schliesst zwar, eine Initiative sei «reine Zeit- und Geldverschwendung» und erweise dem Anliegen politisch gesehen einen Bärendienst, wie er in einem weiteren Mail an Capaul schreibt. Doch er sieht die Initiative gleichzeitig auch als Bedrohung für seine eigenen Pläne: im Rahmen der Agrarpolitik 2014 bis 2017 auf Verordnungsstufe durchzusetzen, dass Betriebe mit behornten Tieren höhere Beiträge aus dem freiwilligen Programm zur Förderung besonders tierfreundlicher Haltungsformen erhalten. Für Capaul ist klar: «Als Tierschützer kann Huber eigentlich gar keine sachlichen

Argumente gegen unsere Initiative haben. Dazu würde ihm ein Blick ins Tierschutzgesetz und in die Bundesverfassung reichen, wonach das Verstümmeln von Tieren eigentlich jetzt schon verboten wäre. Dass er sich trotzdem nicht dazu bekennt, kann also nur persönliche Gründe haben.»

Anet Spengler Neff vom Forschungsinstitut für biologischen Landbau (FiBL), die auch an Forschungsprojekten zu Ställen für behornte Herden beteiligt war, schlägt sich bei der Diskussion um das Stallsystem weder auf die Seite von Capaul und den Anbindestall noch auf die von Huber und den Laufstall. Es sei auf jeden Fall nicht so einfach, dass ein Anbindestall eine gute Beziehung zwischen Mensch und Tier garantiere, ein Laufstall eine solche aber verhindere. Sie geht mit Capaul und Huber jedoch einig, dass der Mensch der wichtigste Faktor für eine gute Haltung ist. «Es kann zum Beispiel sein, dass ein Bauer, der einen Anbindestall hat, sich einfach nicht für Kühe interessiert, nicht so eine ‹Chüeni› ist, wie wir sagen. Dann wird er auch keine gute Beziehung zu seinen Tieren haben. Umgekehrt kann eine Bäuerin trotz Laufstall eine sehr intensive Beziehung zu ihren Kühen pflegen. Wichtiger als das Stallsystem ist das Verhalten der Person.»

In der Forschung zeigte sich schon bald, dass neben dem Stallsystem vor allem die Mensch-Tier-Beziehung und das sogenannte Management einer Herde entscheidend dafür sind, dass die Haltung von behornten Tieren reibungslos verläuft. Zum Management gehören Massnahmen in Bezug auf die Organisation der Herde, etwa die Entscheidung, wann welche Tiere zusammen im gleichen Raum sein können und wann eher nicht. Bereits in seiner Dissertation an der ETH Zürich betont der Agronom Christoph Menke die Bedeutung des Umgangs mit den Tieren. Zur selben Zeit und ebenfalls an der ETH widmete die

Veterinärsmedizinerin Susanne Waiblinger eine eigene, 1996 publizierte Studie der Mensch-Tier-Beziehung, in der sie zu einem ähnlichen Schluss kommt wie Menke. Im Fazit der Studie schreibt Waiblinger: «Eine gute Beziehung des Tierhalters zu seinen Kühen schafft über einen ruhigen Umgang und durch tiergerechtes, problemlösendes Management eine Umwelt grösstmöglicher Sicherheit für die Tiere, in der Stress minimiert ist. Das Vertrauen in den Menschen führt zu umgänglicheren Tieren und einer minimalen Unfallgefahr und die stressfreie Atmosphäre zu einer stabilen Sozialstruktur. Unter diesen Umständen ist eine Haltung behornter Milchkühe im Laufstall ohne grösseres Risiko für Mensch und Tier möglich.» Die Kenntnis der konkreten Massnahmen hat sich in der Zwischenzeit verfeinert und die Informationen sind in Form von übersichtlichen Publikationen einfach zugänglich geworden. Empfohlen wird in diesen Publikationen stets, durch einen möglichst engen Kontakt eine gute Beziehung zu den Tieren aufzubauen, wodurch sogar gewisse Mängel beim Bau und der Einrichtung des Stalls kompensiert werden könnten. In der Broschüre «Haltung von behornten Rindern», die 2017 vom Österreichischen Kuratorium für Landtechnik und Landentwicklung herausgegeben wurde, heisst es zum Beispiel: «Eine gute Mensch-Tier-Beziehung wird durch einen konstanten positiven Kontakt zu den Tieren, regelmässiges Striegeln oder Streicheln, Vermeiden negativen Verhaltens und geringe Wechsel der melkenden Person erreicht. Dies wirkt sich auch positiv auf das Sozialverhalten der Herde aus und führt somit zu mehr Ruhe und weniger Auseinandersetzungen zwischen den Tieren selbst.» Im FiBL-Merkblatt «Laufställe für horntragende Milchkühe» wird empfohlen, möglichst früh eine Beziehung zu den neugeborenen Kälbern aufzubauen und sie dazu zwischendurch mit einem Eimer zu tränken oder an der Leine zu führen. Am besten sei es, wenn wenige Personen die Tiere betreuen und dabei möglichst immer die gleichen Abläufe einhalten. Wichtig ist laut dem Merkblatt ausserdem, die Tiere stets wachsam zu beobachten, klar zu sein, aber nicht zu strafen, die Rangordnung in der Herde zu berücksichtigen sowie einzelnen Tieren, die möglicherweise aggressiv sind, besondere Aufmerksamkeit zu schenken.

Doch bei allem Wissen über den richtigen Umgang mit den Tieren und den Bau geeigneter Ställe zeigt sich aus statistischer Perspektive auch: Das Verhältnis zwischen Laufstall und Kuhhorn ist schwierig. In der von KAGfreiland in Auftrag gegebenen Umfrage von 2014 zu den Hörnern gaben die befragten Bäuerinnen und Bauern auch über ihr jeweiliges Stallsystem Auskunft. Dabei hat sich ein klarer Zusammenhang zwischen diesem und dem Hornstatus der Herde gezeigt, wie es in der Publikation der Umfrageergebnisse heisst: «Die Aufteilung nach Haltungssystemen offenbart deutliche Unterschiede zwischen der Haltung in Anbindeställen und Laufställen. Während bei reinen Anbindeställen durchschnittlich 34 Prozent der Milchkühe behornt bleiben, sind es bei reinen Laufställen nur noch 7 Prozent. Betriebe mit beiden Haltungsformen liegen mit 14 Prozent behornter Tiere dazwischen.» Im Einklang mit diesem Bild ist eine weitere deutliche Korrelation, die in der Umfrage zutage kommt: zwischen dem Stallsystem und der subjektiven Haltung gegenüber einem Hörnerbeitrag, wie ihn die Hornkuh-Initiative fordert. Bäuerinnen und Bauern mit Laufstallhaltung lehnen die Idee zu 81 Prozent ab und befürworten sie zu weniger als 15 Prozent; solche mit Anbindehaltung hingegen heissen die Idee zu 40 Prozent gut. Ist es trotz all der Tricks für den richtigen Umgang mit behornten Tieren im Laufstall also doch das Stallsystem, das mit dem Kuhhorn in Kon-

Freilauf,
Tierschutz,
«Chüenis»

flikt steht? So einfach ist es nicht. Denn eine weitere Erkenntnis aus der KAGfreiland-Umfrage zeigt, dass es hier letztlich nicht nur um eine technische Diskussion über Stallsysteme geht, sondern auch grundsätzlicher um die Form der Landwirtschaft, in der die verschiedenen Ställe zum Einsatz kommen. Denn der ausschlaggebende Faktor bei der Entscheidung für oder gegen behornte Tiere ist nicht das Stallsystem, sondern die Grösse des Betriebs. Bei Betrieben mit weniger als 20 Tieren sind noch 42 Prozent oder mehr behornt – bei 9 Tieren oder weniger sogar noch über 65 Prozent –, bei Betrieben mit mehr als 50 Tieren hingegen tragen nur noch 4 Prozent Hörner. Bei Claudia und Armin Capaul im Stall stehen acht Kühe und ein Stier, ihr Kleinbetrieb fällt also in die erste Kategorie, in der noch über 65 Prozent der Tiere behornt sind. Wenn man nur die Milchbetriebe berücksichtigt, hält ein Betrieb in der Schweiz durchschnittlich 25 Kühe. Weil der Hornstatus laut der Umfrage also signifikant mit der Betriebsgrösse korreliert, lässt sich auch ein Zusammenhang zwischen dem herrschenden Produktivitätszwang in der Landwirtschaft und den Enthornungen herstellen, wie es im Fazit zur Umfrage heisst: «Je grösser der Tierbestand, desto rationeller müssen die Abläufe auf dem Betrieb gestaltet werden. Ohne Hörner benötigt eine Kuh weniger Platz, die Herde weniger Aufmerksamkeit, weniger Zeit. Enthornen ist also in erster Linie der Wirtschaftlichkeit der Milchproduktion geschuldet.» Zur Diskussion um die Stallsysteme gehört daher immer auch der ökonomische und politische Kontext, der dieses oder jenes Stallsystem begünstigt.

> Bei Betrieben mit weniger als 20 Tieren sind 42 Prozent oder mehr behornt, bei Betrieben mit mehr als 50 Tieren nur noch 4 Prozent.

Für die Haltung behornter Tiere ist eine intensive Beziehung zwischen Mensch und Tier nicht nur empfehlenswert, sondern unabdingbar – so lautet der Tenor unter Leuten mit entsprechender Erfahrung. Deutlich wurde dies etwa auch im Gespräch mit dem Bauern Rico Michael, der sich nach Diskussionen mit Martin Bienerth und Maria Meyer von der Dorfsennerei in Andeer dafür entschieden hat, seinen Kühen die Hörner wieder wachsen zu lassen. Doch eine solche Entscheidung, so Michael, solle man nur dann treffen, wenn man wirklich davon überzeugt sei. Wenn ein möglicher Hörnerbeitrag so hoch ausfallen würde, dass sich Betriebe vor allem wegen des Geldes für eine behornte Herde entscheiden, dann komme es für die Tiere letztlich nicht gut heraus. Doch abgesehen von den Möglichkeiten der Bäuerinnen und Bauern, zeigt die KAGfreiland-Umfrage, dass die Entscheidung für oder gegen behornte Tiere vor allem mit der Betriebsgrösse zusammenhängt, dass also auch strukturelle Fragen der gesamten Landwirtschaft dabei eine wichtige Rolle spielen. Klar, eine Bäuerin mit einem kleinen Hof mit ein paar wenigen Tieren denkt mit grosser Wahrscheinlichkeit auch anders, ist tendenziell offener für alternative Ansätze und kritischer eingestellt gegenüber industriellen Formen der Landwirtschaft als ein Bauer mit einem riesigen, konventionell bewirtschafteten Hof. Doch die Tatsache, dass die auf Produktivität ausgerichtete Landwirtschaft eben bei Weitem die vorherrschende ist, geht nicht auf die subjektive Einstellung der Bäuerinnen und Bauern zurück – sie wird vielmehr von der politischen Mehrheit gewollt und durch die Landwirtschaftspolitik bewusst gefördert und reglementiert. Von diesen grundsätzlichen Fragen und von der Abstimmungsfrage zur Hornkuh-Initiative sind also längst nicht nur Bäuerinnen und Bauern angesprochen, die mit behornten Tieren direkt in

Kontakt sind, sondern prinzipiell auch unzählige weitere Menschen, die mit Landwirtschaft zum Beispiel als Konsumentinnen und Konsumenten landwirtschaftlicher Produkte oder als politische Subjekte mit Einfluss auf die Landwirtschaftspolitik zu tun haben. Es ist daher wichtig, über Kühe, Hörner und die Hornkuh-Initiative nicht nur substanziell zu sprechen, also über die direkten Vorgänge auf dem Bauernhof oder im Bundeshaus, sondern auch einige der Bedeutungen und Vorstellungen mitzudenken, die sich rund um das Kuhhorn ranken. Denn für den Ausgang der Abstimmung und die Zukunft der Landwirtschaftspolitik sind diese Bedeutungen vielleicht viel entscheidender als die eher technischen Diskussionen um die Biologie des Horns oder das tierfreundlichste Stallsystem. Oder um es mit einem Ausdruck von Martin Bienerth zu sagen: Es geht auch darum, was im Kopf von emotionalen Städterinnen und Städtern, die der Initiative zustimmen werden, mit dem Kuhhorn passiert. Für diese Leute ist das Kuhhorn zunächst ein Symbol.

> **Es geht auch darum, was im Kopf von emotionalen Städterinnen und Städtern mit dem Kuhhorn passiert.**

Hornpotenz, Nationalerotik, Fetischbauer:

Die Bedeutung der Schweizer Landwirtschaft

Hornpotenz,
Nationalerotik,
Fetischbauer

Roberto Zanetti spricht mit Nachdruck in der Stimme: «Stellen Sie sich den Uri-Stier ohne Hörner vor!» Der Solothurner SP-Ständerat, der glühendste Fürsprecher der Hornkuh-Initiative im Bundeshaus, streckt seinen Ratskolleginnen und -kollegen ein Blatt Papier entgegen. Darauf ist der schwarze Kopf des Uri-Stiers auf gelbem Grund abgebildet, die Hörner sind wegretuschiert. «Mit Verlaub, das sieht doch aus wie ein Schaf mit Nasenpiercing.» Gelächter im Saal, die plakative Botschaft kommt an: Verhält es sich mit den Kühen dort draussen in der Schweizer Landschaft nicht genau gleich wie mit diesem verstümmelten, erbärmlich dreinblickenden Uri-Stier? Im Ständerat stösst die Initiative in der Debatte vor allem auf der Ratslinken auf Zuspruch, so ergreifen etwa auch Anita Fetz und Daniel Jositsch (beide SP) für die behornten Kühe das Wort. Trotzdem fällt der Rat schliesslich ein klares Verdikt: Er empfiehlt die Initiative mit 28 zu 8 Stimmen bei 8 Enthaltungen zur Ablehnung. Die zuständige Wirtschaftskommission (WAK) argumentierte mit der Gefahr der Hörner für Mensch und Tier; und Landwirtschaftsminister Johann Schneider-Ammann betonte, wie viel Spass er habe, der Debatte zuzuhören – doch leider gehörten die Hörner nicht in die Verfassung und es fehle das Geld.

Aber das Bild mit dem Uri-Stier bleibt hängen. Zanetti hat noch ein weiteres dabei: einen Bündner Steinbock ohne Hörner, der eher wie ein «Hund auf der Flucht» aussehe, wie er kommentiert. Mit diesen Bildern provoziert der Politiker eine Intuition, welche die meisten teilen: Nur mit Hörnern ist eine Kuh vollständig, sie gehören zu ihrem Erscheinungsbild und machen sie bis zu einem gewissen Grad sogar aus. Wenn uns jemand dazu auffordern würde, eine Kuh zu zeichnen, würden wir ziemlich sicher mit Hörnern und vielleicht einem Euter kenntlich machen, um welches

Tier es sich handelt. Denn die Hörner sind ikonische Merkmale, an denen wir die Kuh auch in einer minimalistischen Darstellung sofort erkennen. Doch bei den Hörnern geht es nicht nur um ein vollständiges Bild, um eine Vorstellung von körperlicher Integrität, die der Agronomin Anet Spengler Neff auch als ethischer Standard dient. In ganz unterschiedlichen historischen und kulturellen Kontexten erscheint das Horn unter anderem auch als Symbol für Lebenskraft oder Fruchtbarkeit. Diese Symbolik schwingt im Bild des enthornten Uri-Stiers mit und erklärt vielleicht ein stückweit die irritierende Wirkung, die es auf uns hat. Die Entfernung der Hörner ist auch eine Kastration.

Wenn irgendwo Kühe abgebildet werden, dann mehrheitlich mit Hörnern – das zeigt eine kurze Bildsuche im Internet, ein Blick in ein paar Kinderbücher, in denen Kühe vorkommen, oder ein Gang vorbei am Kühlregal mit den Milchprodukten im Supermarkt. Diese Darstellungen stehen dem Normalfall in der real existierenden Landwirtschaft von Industrieländern – in der Schweiz sind mindestens drei Viertel der Kühe hornlos – diametral entgegen. Doch ausgerechnet Organisationen wie der Schweizer Bauernverband, der eine auf Produktivität getrimmte Landwirtschaft fördert, oder die Schweizer Milch-Lobby Swissmilk setzen das Kuhhorn in ihren Werbekampagnen mitunter prominent in Szene. Klar, niemand erwartet von

> **Die Symbolkraft des Horns wird dafür genutzt, traditionelle Tugenden der Landwirtschaft zu unterstreichen.**

einem Werbeplakat eine besonders ausgeprägte Treue zur Wahrheit; doch an solchen Kampagnen lässt sich beobachten, wie die Symbolkraft des Horns dafür genutzt wird, traditionelle Tugenden der Landwirtschaft zu unterstreichen und in Form von positiven Eigenschaften auf Produkte zu übertragen. In einer Kampagne des

Bauernverbands ist jeweils ein Tierkopf pro Plakat abgebildet, darunter ein menschlicher Oberkörper in einem Edelweisshemd, wie es Bäuerinnen und Bauern tragen. Auf einem der Plakate thront auch ein Kuhkopf über dem Hemd – mit Hörnern. Darüber ist zu lesen: «Gut, steckt mein Bauer nur das beste Gras in den Käse.» Im Kern geht es immer um eine ähnliche Botschaft: Die Landwirtschaft steht in direkter Verbindung zur Natur, sie sitzt quasi an der Quelle des Lebendigen und überträgt von dort Lebenskraft auf ihre Produkte. «Milch. Echt stark» heisst es bei Swissmilk, dem Dachverband der Schweizer Milchproduzenten. In Kampagnen von Swissmilk wurde die symbolische Kraft des Kuhhorns sogar direkt dazu eingesetzt, jene Botschaft zu propagieren.

Im Frühjahr 2018 hat Swissmilk eine neue Kampagne für Schweizer Milch lanciert – mit der Werbeagentur wechselte auch das Werbekonzept. Der Slogan «echt stark» wurde zwar beibehalten, neuerdings wirbt dieser aber für Nachhaltigkeit und Tierwohl: «Echt stark, wenn die Milch aus der Nähe kommt», heisst es auf einem der Plakate. Darunter streckt uns Lovely, die schwarz-weiss gescheckte Kuh und langjährige Protagonistin der Swissmilk-Kampagne, ihren Kopf mit lustvoll ausgestreckter Zunge entgegen. Was sich auch nicht geändert hat: Lovely trägt prächtige Hörner. Nur sind sie auf den Bildern der neuen Kampagne an den Enden etwas weniger spitz als in früheren Jahren. Die stumpferen und darum weniger angriffig wirkenden Hörner passen ganz gut zur neuen Lovely, wenn man sich anschaut, wie die Kuh in den Spots der aktuellen Kampagne inszeniert wird. Einer davon, man findet ihn auf Youtube, trägt den Titel «Lovely darf Kuh sein». Wir sehen darin als Erstes eine Filmklappe, die sich vor der Kamera schliesst und den Blick auf Lovely freigibt, die allein auf einer riesigen Weide mit Hügeln am Horizont steht und Gras frisst. Aus dem

Off hören wir eine Stimme «Action!» rufen, doch Lovely ignoriert sie und frisst seelenruhig weiter, während der Mann von der Regie hinter der Kamera die Kuh verzweifelt anzuspornen versucht. Lovely hebt nur den Kopf und schaut käuend in die Kamera, bevor der Slogan kommt: «Echt stark, dass unsere Kühe einfach Kühe sein dürfen.» Die Schweizer Kuh, so kann man den Spot verstehen, ist jetzt ganz bei sich – eins mit der Natur.

Im Vergleich zur skifahrenden, bergsteigenden, seilziehenden Lovely, die wir aus älteren Swissmilk-Kampagnen kennen, stellt diese neue, meditativ fressende Lovely eine 180-Grad-Wendung dar. Über viele Jahre propagierten die Plakate und Werbespots von Swissmilk die gesundheitsfördernde Wirkung der Milch – der sportlich in Szene gesetzte Slogan «echt stark» stand dabei ganz wörtlich für körperliche Stärke. Davon ist kaum etwas übrig geblieben. Die Umpolung der Werbebotschaft auf eine ethisch-ökologische Linie, die Werte wie Natürlichkeit und Regionalismus betont, hat wohl auch damit zu tun, dass das Gesundheits image der Milch in letzter Zeit angekratzt wurde. Es wirkte fast ein wenig verzweifelt, als Swissmilk kürzlich mehreren Vertreibern von veganen Produkten mit Klagen drohte, wenn diese für ihre Produkte weiterhin «traditionelle milchwirtschaftliche Begriffe» wie «Käse» verwenden. Ebenso, als Swissmilk in Schweizer Printmedien eine Kampagne gegen beliebter werdende Getreide-Milchprodukte wie Soja-, Reis- oder Hafermilch lancierte – Kuhmilch sei ein Naturprodukt, diese hingegen nur Industrieprodukte. Man wird den Eindruck nicht los, dass der Dachverband der Schweizer Milchproduzenten sich ökonomisch bedroht fühlt. Es scheint, dass mit dem Gesundheits-Hype der Gegenwart vor allem ein Marketing-Begriff deutlich umstrittener geworden ist: der des Natürlichen. Einst warb Swissmilk selbstbewusst damit, Milch sei «Doping der Natur» oder ein «natürliches Fitnessprogramm», und in den Kampagnen wurde Milch bildstark als «natürlicher Kraftstoff» inszeniert. Wir erinnern uns: Lovely fährt Skateboard, macht Yoga, tanzt auf einem Seil, legt den Schwingerkönig Jörg Abderhalden ins Stroh, und während der Fussball-WM von 2014 in Brasilien beginnt die Kuh plötzlich Samba zu tanzen. Es gibt auch ein Plakat, auf dem Lovely den kleinen Obelix mit ihrer Schnauze in eine Kanne schubst – statt in einen Zaubertrank, wie in der französischen Comicserie, fällt er in die Milch.

Das Detail, für das wir uns hier interessieren, ist vor allem im Kontext der älteren Kampagnen interessant: das Horn. Nicht nur ist es spitzer, manchmal wird es auch direkt als Träger der Werbebotschaft inszeniert. Schön zu sehen etwa in einer Serie von Plakaten, die jeweils individuell auf Stationshäuschen von Schweizer Bergbahnen angepasst werden mussten, weil das Motiv erst im Zusammenspiel des Plakats mit seiner Umgebung zur Geltung kommt. Die Plakate wurden so gestaltet und auf der Aussenwand der Berg- oder Talstation von Gondelbahnen und Sesselliften angebracht, dass die Linie des Drahtseils der Bahn auf dem Plakat nahtlos fortgesetzt wird und sich bis zu den Hörnern der Kuh erstreckt, die stramm und von der Bahn abgewandt dasteht. Es sieht also so aus, als würde die Kuh das Gewicht der Stahlseile und sämtlicher Sessel oder Gondeln, die daran befestigt sind, mit ihren Hörnern halten. Es ist ein Bild, das sich Herr und Frau Schweizer gut vorstellen können, wenn sie in den Skiferien auf dem Sessellift sitzen und ihre Ovomaltine mit Schweizer Milch schlürfen. Auf einem älteren Plakat von Swissmilk steht eine Kuh einem Nashorn frontal gegenüber, ihre Hörner angriffig nach vorne geneigt. Offenbar fand der Kampf bereits statt – das grössere der beiden Hörner des Nashorns ist abgebrochen und liegt zwischen den beiden Tieren am Boden. Das Nashorn schaut traurig auf das verlorene Horn, die Kuh dem Nashorn mit stechendem Blick in die Augen. Darunter heisst es: «Milch gibt starke Knochen.» Die widerstandsfähigen Hörner stehen hier einerseits direkt für die menschlichen Knochen, die durch das Kalzium in der Milch gestärkt werden sollen. Anderseits könnte man dieses Kuhhorn, das im Vergleich zum gebrochenen, mattgrauen Horn des Nashorns in kräftigem Schwarz schimmert, auch allgemeiner als Verkörperung von Lebenskraft verstehen.

Doch das Horn, das zeigt sich schon von diesem Plakat ausgehend, wird in unterschiedlichen kulturellen Kontexten mit ganz unterschiedlichen Bedeutungen aufgeladen, als alltäglicher Gegenstand wurde es in vielen Kulturen rege gedeutet. Klar, auf jenem Plakat steckt die Lebenskraft im Horn der Kuh – doch andersherum wird noch immer das Nashorn gejagt, weil das Pulver aus seinem Horn vor allem unter Männern in China als Potenzmittel gilt und auf dem Schwarzmarkt exorbitante Preise erzielt. Gemeinsam ist diesen Beispielen, dass das Horn positiv mit Stärke konnotiert ist. Doch es kann auch negativ konnotiert werden – auf dem Kopf des Teufels etwa verkörpert es das Böse. Besonders eine Subkultur macht sich die vom Teufel ausgehende Aura des Bösen exzessiv zunutze: der Heavy Metal. Deshalb scheint es plausibel, dass auch ein wichtiges Erkennungszeichen dieser Subkultur, die gehörnte Hand oder *mano cornuta*, wie sie auf Italienisch genannt wird, auf die Hörner des Teufels zurückgeht. Dazu werden der kleine und der Zeigefinger gerade von der Faust weg gestreckt und bei Konzerten mit ausgestrecktem Arm zum Zeichen der Anerkennung der auftretenden Band oder der Verbundenheit innerhalb der Szene in die Höhe gehalten. Doch die Verbindung zwischen der *mano cornuta* und dem Teufel ist umstritten, denn die Bedeutung des Handzeichens ist ambivalent. Verbreitet ist es in Italien als vulgäre Geste, aber gleichzeitig auch als abergläubische Schutzgeste. Tatsächlich behauptet der Sänger Ronnie James Dio, der für sich beansprucht, die gehörnte Hand in den Heavy Metal eingeführt zu haben, die Geste bei seiner italienischen Grossmutter abgeschaut zu haben, die sich damit vor bösen Blicken habe schützen wollen. Erkennungszeichen des Teufels oder Schutz vor dem Bösen – schon auf der Hand sitzend oszilliert die Bedeutung des Horns zwischen Gegensätzen.

Die negative Konnotation des Horns beschwören auch die Gegnerinnen und Gegner der Hornkuh-Initiative herauf, wenn sie argumentieren, das Kuhhorn sei eine Waffe – während die Gegenseite das Horn eher mit Stärke, Schönheit oder Würde in Verbindung bringt. Konzentriert man sich auf die positiven Konnotationen des Horns, zeigt sich als eine minimale Gemeinsamkeit, dass das Horn in unterschiedlichen Kontexten für verschiedene Formen von Lebenskraft stehen kann. Zwar setzte der italienische Renaissance-Bildhauer Michelangelo seiner berühmten Mose-Statue laut gängiger wissenschaftlicher Auffassung nur darum Hörner auf, weil das entsprechende Wort in der von ihm verwendeten Bibelausgabe falsch vom Hebräischen ins Lateinische übersetzt worden war. Dennoch wurden die Hörner auf dem Kopf des Propheten zu einem Zeichen des Heiligen. Im hebräischen Wort *qeren* wiederum, auf das der Übersetzungsfehler in der Vulgata zurückgeht, zeigt sich eine Verbindung zwischen Horn und Stärke: Neben der wörtlichen Übersetzung «Horn» kann *qeren*, allerdings anders ausgesprochen, auch «Macht», «Stärke» oder «Strahl» bedeuten; wobei die letzte Bedeutung, wonach in der entsprechenden Szene das Gesicht von Mose geleuchtet hat, als die richtige angesehen wird. Diese Konnotation des Horns mit Stärke macht sich auch die Comicserie «Asterix» zunutze, in der einige Gallier Hörner auf ihren Helmen tragen – ein Element, das es historisch nie gegeben hat. In der römischen Mythologie wird beispielsweise Abundantia, die göttliche Personifikation des Überflusses und des Wohlstands, oft mit einem Füllhorn abgebildet: einem hornförmigen Behälter, aus dem ohne Ende Blumen und Früchte quellen. Das Füllhorn steht für Glück, Überfluss und Reichtum. Auch bei den Hornpräparaten, die in der biodynamischen Landwirtschaft bis heute angewendet werden, findet eine Verbindung von Horn und Lebenskraft statt: Die Hornpräparate sollen die Fruchtbarkeit des Bodens steigern und ihn auf einer energetischen Ebene beleben. In der ägyptischen Mythologie wird die Sonne, eine Quelle von Lebenskraft schlechthin, in manchen Darstellungen von zwei Kuhhörnern gerahmt, die auf dem Kopf der Göttin Hathor thronen. Hathor, die in der Mythologie ganz unterschiedliche Funktionen einnimmt, wurde unter anderem mit dem Körper einer Kuh dargestellt. Auch die Göttin Isis trägt in manchen Darstellungen Kuhhörner und dazwischen die Sonne. Nut, die Göttin des Himmels, wird oft sogar als riesige Kuh über dem Firmament dargestellt. Schliesslich kann das Horn auch eine sexuelle Bedeutung annehmen, direkter noch als beim Nashorn-Aphrodisiakum. Schön zu sehen ist das beim englischen Wort «horny», das *hornig*, «rau» oder «hart» bedeutet, umgangssprachlich aber auch sexuelle Erregung ausdrückt. Man merkt schnell, dass die Bedeutung dieser Metapher einer männlichen Perspektive entspringt: Sowohl bezogen auf die längliche Form wie auch auf die harte Beschaffenheit schwingt dabei eine Ähnlichkeit zwischen einem Horn und einem erigierten Penis mit. Natürlich kann man in unzähligen Gegenständen eine formale Ähnlichkeit mit einem erigierten Penis erkennen, doch symbolisch ist die Verbindung zwischen Horn und Penis besonders stark, wie nicht nur das Wort *horny* zeigt. Tatsächlich gehört das Horn kulturgeschichtlich zu den beliebtesten Gegenständen, wenn es um die Darstellung des Phallus als Symbol für Fruchtbarkeit und Stärke geht. Doch findet sich diese Verbindung zum Beispiel auch in der zeitgenössischen medizinischen Alltagssprache wieder: Es gibt ein nicht als Krankheit geltendes Phänomen, bei dem sich an der Eichel des Penis eine Reihe von kleinen, warzenartigen Erhöhungen bildet – neben der fachsprachlichen Bezeichnung *Hirsuties papillaris penis* wird diese Erscheinung auch als Hornzipfel bezeichnet, wobei der Penis direkt mit einem Horn gleichgesetzt wird.

Die Verbindung zwischen Horn und sexueller Fruchtbarkeit ist bei Wiederkäuern nicht nur symbolisch, sondern auch genetisch.

Erstaunlicherweise ist die Verbindung zwischen Horn und sexueller Fruchtbarkeit im Fall von Wiederkäuern keineswegs nur symbolisch, sondern auch genetisch. Man könne dies vor allem bei Geissen, aber auch bei Rindern beobachten, wie Anet Spengler Neff vom Forschungsinstitut für biologischen Landbau (FiBL) erklärt: «Geissen kann man gar nicht ganz hornlos züchten, weil mehrere Fruchtbarkeitsmerkmale genetisch mit der Hornbildung verknüpft sind. Das heisst, die Tiere werden fast immer unfruchtbar, wenn sie genetisch keine Hörner mehr bilden können. Die reinerbig – also homozygot – hornlosen Tiere entwickeln sich entweder als Zwitter oder haben einen Samenstau, wenn sie sich als Männchen entwickeln.» Bei den Rindern ist die Verbindung zwischen Horn und Fruchtbarkeit auch vom Alter der Tiere abhängig, sagt die Agronomin «Männliche hornlos gezüchtete Rinder entwickeln in vielen Fällen etwa im Alter von vier Jahren einen sogenannten Korkenzieher-Penis, mit dem sie wegen seiner verdrehten Form keine Kuh mehr decken können.» Allerdings kommt dieses Unfruchtbarkeitsmerkmal von hornlos gezüchteten Rindern meist gar nicht zum Vorschein, da die Stiere, die zum Decken von Kühen eingesetzt werden, meist weniger als vier Jahre alt sind.

Gewiss ist diese biologische Verbindung zwischen Horn und Reproduktionsfähigkeit den meisten nicht bewusst, wenn sie beim Anblick einer enthornten Kuh das Gefühl bekommen, dass dieses Tier ein stückweit seiner Stärke oder Würde beraubt worden ist. Sehr wohl aber ist das Bild der kräftigen Kuh, der ein Paar prächtige Hörner quasi die Krone aufsetzen, entscheidend für ihre Funktion als eines der Schweizer Nationaltiere – mit dem Steinbock trägt immerhin ein weiteres von ihnen Hörner. Es ist diese Nationalkuh, die nicht nur in der Werbung für Schweizer Milch oder den Schweizer Bauernverband vorkommt; in Form von kleinen Holzfiguren, die von einem Unternehmen im Besitz des volkstümlichen Pop-Sängers Marc Trauffer im Berner Oberland hergestellt werden, steht sie etwa auch in unzähligen Schweizer Kinderzimmern. Und vielleicht ist auch die störrische «Chue am Waldrand» aus dem gleichnamigen Stück des Liedermachers Mani Matter eine Kuh dieser Art. Im Liedtext geht es um eine Person, die mit Leinwand und Staffelei ein Bild einer Kuh am Waldrand malen will, dieses aber nicht fertigstellen kann, weil die Kuh zuvor unverhofft davonläuft. Wenn man dabei an die Nationalkuh denkt und den Text kritisch liest, könnte man das unvollendete Bild als eine idealisierte Postkartenansicht der Schweiz lesen, die an der Realität zerbricht. Wäre diese Nationalkuh für den Schweizer Tourismus nicht ein wichtiges Kapital, würde man sie nicht laut durch den kleinen Zug muhen hören, der am Flughafen Zürich das Gate E mit dem Haupttrakt verbindet, während an der Wand des unterirdischen Tunnels ein Fahnenschwinger vorbeiflackert. Wie das Matterhorn und die saubere Bergluft gehört die Kuh zur touristischen Nationalerotik der Schweiz. Ohne diese Bedeutung als Nationaltier zu berücksichtigen, kann man wohl auch die Begeisterung um die Hornkuh-Initiative und ihre guten Chancen an der Urne nicht verstehen. Denn nicht die Bäuerinnen und Bauern, die in ihrem Alltag direkt mit Kühen zu tun haben, können dem Hörnerbeitrag zum Sprung in die Verfassung verhelfen, sondern die Stimmbürgerinnen und Stimmbürger aus den urbanen Gebieten, die sich von Kühen mit Hörnern wohl eher aus sentimentalen denn aus sachlichen Gründen angezogen fühlen. Es ist wahrscheinlich, dass sich diese Leute auch ab und zu in ländlichen Gebieten der Schweiz aufhalten, sie dort Kühe antreffen und sich dabei denken, dass es doch schön wäre, wenn diese Kühe wieder Hörner trügen. Zusammen mit ethischen Argumenten ist diese Perspektive für das Horn als Gegenstand einer Volksabstimmung viel entscheidender als die Innenperspektive der Landwirtschaft.

Es ist also nicht nur die Möglichkeit der Volksinitiative in der direkten Demokratie, die diese Initiative zu einer sehr schweizerischen Angelegenheit macht, sondern auch die Bedeutung der Kuh und des Horns, die in der Diskussion mitschwingt. Auch Spengler Neff betont das einzigartige Verhältnis der Schweiz zu ihren Kühen: «Ich stelle immer wieder fest, dass hier auch viele Leute, die mit Landwirtschaft direkt nichts am Hut haben, sich für die Kuh interessieren und emotional auf das Thema reagieren – viel stärker als zum Beispiel in Deutschland. Vielleicht liegt das auch daran, dass Kühe in der Schweiz gut sichtbar sind, zum Beispiel in der Werbung oder im Tourismus. Wenn man in der Schweiz Ferien macht, ist es wahrscheinlich, dass man sich in einem Gebiet aufhält, in dem es auch Kühe gibt. Die Kuh pflegt die Landschaft nicht nur, sie prägt auch ihr Bild.» Zu diesem Bild, das zum touristischen Kapital der Schweiz gehört, gehören aber nicht nur die Kühe selber, sondern auch der landwirtschaftliche Rahmen, in den sie eingebunden sind, also die Art und Weise, wie die Landschaft von der Landwirtschaft gestaltet wird. Im Vergleich zu Deutschland wird die Landschaft in der Schweiz viel kleinteiliger genutzt und zeichnet sich durch im Verhältnis grosse Flächen an Weideland aus. Erst diese Struktur setzt die Kuh in der Landschaft in Szene, wie die Agronomin erklärt. «Das hat einerseits mit dem Charakter der Landschaft selbst zu tun: Die landwirtschaftlich nutzbare Fläche der Schweiz besteht zu über zwei Drittel aus Grasland, das man zum grössten Teil nur als Weideland für Wiederkäuer nutzen kann. Das gilt insbesondere für die Berggebiete, wo man nicht pflügen kann und die Viehhaltung darum die effizienteste und oft auch die einzige Nutzung ist. Denn es wäre kaum verantwortbar, auf die Nutzung so grosser Flächen zu verzichten.» Doch Spengler Neff betont auch, dass jenes Bild mit dem hügeligen Weideland und den friedlich grasenden Kühen nicht einfach naturgegeben ist, sondern durch die Schweizer Landwirtschaftspolitik bewusst gefördert wird – vor allem auch was die Kühe betrifft. «Der Bund fördert, dass Kühe draussen sind. Wenn man bedenkt, welche enorme Bedeutung eine kleinräumig genutzte Landschaft mit viel Weideland für den Tourismus hat, überrascht das nicht.» Es gibt in der Schweiz also eine Verbindung zwischen Landwirtschaftspolitik und Tourismus, die stark über Bilder vermittelt ist. Spengler Neff ist der Meinung, dass diese Verbindung noch zu wenig beachtet worden ist – sie hält sie sogar für zentral, um die Epoche der Schweizer Landwirtschaft nach dem Kalten Krieg zu charakterisieren. Als sie in den achtziger Jahren an der ETH studierte, war

Hornpotenz,
Nationalerotik,
Fetischbauer

das schweizerische Landwirtschaftsgesetz noch stark vom Kalten Krieg geprägt. «Das erklärte Ziel war, die Versorgung der Bevölkerung mit Nahrungsmitteln für den Kriegsfall sicherzustellen. Über garantierte Preise sollte erreicht werden, dass der Lohn eines Bauern mit demjenigen einer Handwerkerin schritthalten konnte – man nannte das den Paritätslohn.» Endgültig aufgelöst wurde dieses Paradigma mit der Einführung der Direktzahlungen im Rahmen der Agrarreform von 1992. Von diesem Zeitpunkt an wurden nicht mehr die Produkte subventioniert, sondern Geld vom Staat direkt an die Betriebe ausbezahlt, wenn sie gewisse Bedingungen erfüllen. «Dabei hat man zwar immer von Ökologie gesprochen und kaum von Tourismus. Ich bin aber ziemlich sicher, dass man ohne die wirtschaftlichen Interessen, die der Tourismus an der Landschaftspflege hat, kaum dieses Engagement für die Landwirtschaft erbracht hätte.»

Sicher ist, dass die Schweiz ein sehr inniges Verhältnis zu ihrer Landwirtschaft pflegt. In der öffentlichen Diskussion ist die Agrarpolitik ein Reizthema, zu dem die meisten sofort eine Meinung haben – vor allem zur Frage der staatlichen Subventionen. Vor dieser Frage verkehren sich sogar ansonsten beständige politische Grundsätze: Die Bürgerlichen halten eisern an planwirtschaftlichen Markteingriffen fest, viele Linke fordern im Agrarsektor mehr Markt. Doch was die Landwirtschaft zu einem Reizthema macht, sind nicht in erster Linie direkte finanzielle Interessen;

Seit den Anfängen seiner ökonomischen Marginalisierung spielt der Bauernstand eine wichtige Rolle für den Schweizer Nationalismus.

seit den Anfängen seiner ökonomischen Marginalisierung im 19. Jahrhundert spielt der Bauernstand eine wichtige Rolle für den Schweizer Nationalismus. Bis heute ist Bäuerin oder Bauer sein nicht nur ein Beruf unter vielen – es ist auch eine nationale Berufung. Diese ideologische Funktion geht auf den Schulterschluss zwischen dem Bauernstand und dem liberalen Bürgertum, das 1848 den modernen Schweizer Bundesstaat gründete, zurück – so die These des Schweizer Agrarhistorikers Peter Moser in seiner 1994 veröffentlichten Studie *Der Stand der Bauern*. In dieser Zeit begann sich das Bürgertum intensiv mit der bäuerlichen Kultur zu beschäftigen und integrierte sie in die Schweizer Nationalkultur – zwischen 1895 und 1926 wurden der Reihe nach nationale Verbände fürs Schwingen, Hornussen, Jodeln und für die Trachtenbewegung gegründet. Im Verlauf des 20. Jahrhunderts wurden die Bäuerinnen und Bauern zunächst immer stärker unter die staatlichen Fittiche genommen – laut Moser wurden sie so Teil des Service public, wie die öffentlichen Dienstleistungen und Infrastrukturen in der Schweiz genannt werden. Stark gefestigt hat sich diese gesellschaftliche Stellung der Landwirtschaft während dem Zweiten Weltkrieg, als die ausreichende Ernährung der Bevölkerung bedroht war; staatlich abgesichert wurde sie 1951 im «Bundesgesetz über die Förderung der Landwirtschaft und die Erhaltung des Bauernstandes», das der Landwirtschaft durch Subventionen, Preisgarantien und Einfuhrbeschränkungen die Existenz sichern sollte.

Heute erscheint das Verhältnis der Schweizer Landwirtschaft zum Rest des Landes zuerst einmal paradox. Volkswirtschaftlich gesehen hat die Bedeutung des Bauernstands in der Schweiz seit dem 19. Jahrhundert drastisch abgenommen: Während 1850 noch zwei Drittel und um die Jahrhundertwende noch ein Drittel der Bevölkerung in der Landwirtschaft arbeiteten, sind es heute noch etwa vier Prozent. Ihr Anteil am Bruttoinlandsprodukt ist in den vergangenen zwanzig Jahren von noch knapp zwei auf unter ein Prozent gesunken. Dennoch hat die einzigartige Behandlung des Bauernstands durch den Staat diese Entwicklung unbeschadet überstanden: Nicht nur ist der Auftrag der Bäuerinnen und Bauern im Gegensatz zu fast allen anderen Berufsgruppen in der Bundesverfassung verankert, über umfangreiche Direktzahlungen werden diese auch vor den Kräften des Marktes geschützt. Laut einer Studie der OECD von 2015 subventioniert von den 37 OECD-Mitgliedstaaten nur Norwegen seine Landwirtschaft noch stärker als die Schweiz. 2016 flossen über 3,6 Milliarden Franken oder rund 5,3 Prozent der Bundesausgaben in den Bereich Landwirtschaft und Ernährung; mehr als die Hälfte der Einnahmen der hiesigen Landwirtschaft sind auf politische Massnahmen zurückzuführen. Weiter trägt zu ihrer Stellung bei, dass die Bäuerinnen und Bauern im nationalen Parlament traditionsgemäss gut vertreten sind: Im 2015 gewählten Nationalrat liegt ihr Anteil bei acht Prozent, also doppelt so hoch wie der Anteil der in Landwirtschaft Beschäftigten an der Gesamtbevölkerung. Unter Berücksichtigung von Berufen, die mit der Landwirtschaft eng verknüpft sind, kommt der Schweizer Bauernverband sogar auf eine bäuerliche Vertretung von dreissig Personen in National- und Ständerat.

Das Phänomen einer Bevölkerungsgruppe, die im politischen Diskurs derart viel Raum einnimmt, obwohl sie ökonomisch kaum eine Rolle spielt, bewegte den Agrarhistoriker Moser zu einer verblüffenden Einsicht: «Je weniger Bauern und Bäuerinnen es gibt, desto strittiger wird offenbar ihre gesellschaftliche Rolle.» Es kann daher kaum sein, dass diese selber für ihre gesellschaftliche Bedeutung verantwortlich sind. Jedenfalls hat Moser auch beobachtet, wie eine bestimmte Funktion der Landwirtschaft im Zuge ihres langsamen Verschwindens immer wichtiger wird: als gesellschaftliche Projektionsfläche. Damit erscheint auch das obige Bild plötzlich nicht mehr so paradox: Denn je mehr sich die Reihen der Bäuerinnen und Bauern lichten, desto einfacher können wir uns die entstehenden Lücken in unserer Fantasie ausmalen und über ihre Bedeutung streiten. Die Vorstellungen und Hoffnungen, mit denen die Landwirtschaft aufgeladen wird, weisen für Moser ihrerseits auf Defizite der Gesellschaft hin: «Mit dem wachsenden ökologischen Defizit im Arbeits- und Wohnbereich der modernen Menschen verlangt dieselbe Gesellschaft nun neuerdings, dass zumindest die Landwirtschaft ‹naturnah› funktioniert.» Das Beispiel der Ökologie zeigt darüber hinaus, dass sich die Landwirtschaft nicht nur zum Rückzug eignet, als Bildgeberin und spirituelle Quelle des Nationalismus, sondern auch als Notnagel für utopische Leerstellen: «Erwarteten zur Zeit des Zweiten Weltkrieges viele das Heil der Schweiz darin, dass die Tugenden aus der Tradition des Bauerntums in die ‹Seele des Schweizervolkes› übergehen würden, so hofft die Konsumgesellschaft heute nicht minder, ihre Vorstellungen einer ‹grünen Schweiz› mit – vermeintlich – bäuerlichen Tugenden zu realisieren.» Doch es ist für Moser nicht, wie es nun aussieht: dass die Bäuerinnen und Bauern in dieser Beziehung mit der Schweiz als Staat und Nation nur Wärme spenden, Rückzug bieten und Lücken schliessen. Denn sie mussten durch den Schulterschluss mit dem Bürgertum am Ende des 19. Jahrhunderts, durch den ihre eigene Kultur zum nationalen Kulturgut erhoben wurde, eine Lücke schliessen: den «Verlust der alltäglichen Lebenswelten, den die kapitalistische Modernisierung den Bauern mit ihrer Verwandlung in Landwirte bescherte». Doch egal, wie schnell seine Lebenswelten oder der Bauernstand selbst verschwinden, als nationaler Fetisch ist er vorerst verewigt.

Schluss:

Die Industrie, das Heilige und die Revolution

Laut dem Schweizer Tierschutzgesetz wird die Würde eines Tiers unter anderem dann verletzt, wenn es «übermässig instrumentalisiert» wird. Diesen Aspekt der gesetzlichen Tierwürde kann man als eine Ausweitung des kategorischen Imperativs, dem Herzstück von Immanuel Kants Ethik, auf Tiere verstehen. Denn der kategorische Imperativ schreibt vor, andere nicht nur als Mittel, sondern immer auch als Zweck zu behandeln, andere also nicht zu instrumentalisieren. Für Kant selbst wäre diese Ausweitung völlig undenkbar gewesen, da es in seiner Ethik nur moralische Pflichten gegenüber Lebewesen geben kann, die ebenfalls vernunftbegabt sind, also nur gegenüber anderen Menschen. Das hat damit zu tun, dass Kant eine moralische Pflicht als Unterwerfung unter ein gemeinsames Vernunftgesetz versteht, in dem nur diejenigen Rechte haben können, die sich kraft ihrer Vernunft auch seinen Pflichten unterwerfen können. Eine Schwachstelle fällt dabei natürlich sofort auf: Neben den Tieren wären auch nicht vernunftbegabte Menschen, etwa Babys oder schwer Behinderte, von den moralischen Rechten ausgeschlossen. Doch wie überzeugend Kants Ethik selbst ist oder ob sich der kategorische Imperativ auf Tiere anwenden lässt, muss hier nicht weiter diskutiert werden. Interessant ist aber, was Kant im Rahmen seiner anthropozentrischen, also völlig auf den Menschen ausgerichteten Ethik über Tiere zu sagen hat. Vielleicht hatte er erkannt, dass es problematisch wäre, wenn es in seiner Ethik überhaupt kein Argument gegen die grausame Behandlung von Tieren gäbe. Jedenfalls räumte Kant in seiner 1797 veröffentlichten *Metaphysik der Sitten* auch den Tieren einen Platz ein. Obwohl die Tiere in den kategorischen Imperativ nicht einbezogen sind, kommt ihnen indirekt eine wichtige Rolle zu. Diese hat mit der Lücke zwischen dem im kategorischen Imperativ formulierten moralischen Gesetz auf der einen und der tatsächlichen moralischen Unfähigkeit der Menschen auf der anderen Seite zu tun; allgemeingültige moralische Gesetze gefunden zu haben, ist das eine, sie auch zu befolgen, das andere. Kant erklärt die Tiere zu einer Art moralischer Dummys; wir können oder sollen im Umgang mit ihnen das gute Handeln gegenüber anderen Menschen einüben. In der *Metaphysik der Sitten* schreibt Kant: «In Ansehung des lebenden, obgleich vernunftlosen Teils der Geschöpfe ist die gewaltsame und zugleich grausame Behandlung der Tiere der Pflicht des Menschen gegen sich selbst weit inniglicher entgegengesetzt, weil dadurch das Mitgefühl an ihrem Leiden im Menschen abgestumpft und dadurch eine der Moralität im Verhältnisse zu anderen Menschen sehr diensame natürliche Anlage geschwächt und nach und nach ausgetilgt wird (...).» Was Kant hier in seinem eher umständlichen Stil ausdrückt: Wenn wir Tiere schlecht behandeln, zerstören wir allmählich unsere eigene Fähigkeit zum Mitgefühl und verrohen. Doch dieses Mitgefühl brauchen wir, um gut zu anderen Menschen zu sein. Obwohl Kants Ethik – im Gegensatz zum Beispiel zu derjenigen seines grossen Kritikers Arthur Schopenhauer – nicht auf dem Mitgefühl aufbaut, ist moralisches Handeln ohne diese Fähigkeit auch für ihn nicht denkbar. Die Pflicht, Tiere nicht grausam zu behandeln, ist also eine indirekte Pflicht gegenüber anderen Menschen. Klar, die von Kant propagierte Haltung gegenüber den Tieren ist völlig instrumentell. Doch wir müssen sie gar nicht gutheissen, um darin einen anschlussfähigen Gedanken zu erkennen: Unser Umgang mit den Tieren ist nicht nur eine Frage der direkten Wirkung unseres Handelns auf sie, es zeigt sich darin auch grundsätzlich unsere ethische oder politische Verfassung. Von diesem Gedanken ausgehend, der aus der alles überragenden Stellung des Menschen in der aufklärerischen Philosophie Kants entspringt, können wir in der Diskussion um das Kuhhorn den Spiess nun umdrehen und fragen: Was für Menschen sind wir, dass wir unseren Kühen die Hörner entfernen und damit ihre Würde verletzen? Auch Hornkuh-Initiant Armin Capaul hat einmal einen ähnlichen Gedanken geäussert, als er zu einer Journalistin des deutschen Magazins «Spiegel» diesen fast schon nach karmischem Schicksal klingenden Satz gesagt hat: «Wenn du das Tier verstümmelst, das dich ernährt, kann diese Nahrung nicht gesund für dich sein.» Sprich: Unser Umgang mit den Tieren wirkt nicht nur auf diese ein, er kommt auch auf uns zurück.

In der Diskussion um das Kuhhorn hat sich gezeigt, dass die Verletzung der Würde, die das Entfernen der Hörner darstellt, nicht hauptsächlich auf die subjektive Haltung einzelner Bäuerinnen und Bauern zurückzuführen ist, auf deren Ignoranz oder gar Bösartigkeit. Nein, ob auf einem Betrieb behornte oder hornlose Kühe gehalten werden, hängt laut der KAGfreiland-Umfrage von 2014 vor allem von einem strukturellen Faktor ab: der Grösse des entsprechenden Betriebs. Auch dafür sind nicht in erster Linie die unternehmerischen Entscheidungen einzelner Bäuerinnen oder Bauern entscheidend, sondern die gesamte Landwirtschaftspolitik, die Regeln aufstellt und mit der Verteilung der Direktzahlungen steuert, was sich ökonomisch lohnt und was nicht. Das wird schon daran ersichtlich, dass die Schweizer Landwirtschaft als Wirtschaftssektor einer klaren Tendenz folgt: Die Anzahl der Betriebe und der Beschäftigten im Agrarsektor sinkt, während ihre durchschnittliche Grösse wächst und die Produktivität der gesamten Landwirtschaft steigt. Der Kantische Spiegel muss hier also nicht einzelnen

> **Der Kantische Spiegel muss nicht einzelnen Menschen vorgehalten werden, sondern der Gesellschaft als Ganzes.**

Menschen vorgehalten werden, sondern der Gesellschaft als Ganzes, die diese Landwirtschaftspolitik hervorbringt und verantwortet; und darüber hinaus dem Wirtschaftssystem, das dieser Politik den Massstab der Produktivität vorschreibt. Wenn wir das Kuhhorn als Verkörperung nehmen für die freie Entfaltung des Tiers, unabhängig von menschlichen Interessen, als die Krone seiner Würde, können wir uns fragen: Was ist das für eine Gesellschaft, und wie organisiert sie ihr Wirtschaftssystem, dass sie das Kuhhorn verdrängt?

Die Philosophen Max Horkheimer und Theodor W. Adorno, zwei der wichtigsten Vertreter der Kritischen Theorie der Frankfurter Schule, machen das Ideal im Kern von Kants Ethik hundertfünfzig Jahre später zur Grundlange ihrer Gesellschaftskritik: dass wir andere nicht als Mittel, sondern als Zweck behandeln, also nicht instrumentalisieren. In ihrer *Dialektik der Aufklärung,* von der Teile im Angesicht der faschistischen Bedrohung während dem Zweiten Weltkrieg entstehen und die 1944 erscheint, zeichnen Horkheimer und Adorno ein düsteres Bild einer Gesellschaft, die sie im Würgegriff einer instrumentellen Vernunft sehen. Paradoxerweise führen sie deren Ursprung ausgerechnet auf die Aufklärung zurück – auf ein Überborden der aufklärerischen Vorstellung einer allmächtigen Vernunft, die für Horkheimer und Adorno in eine erdrückende Dominanz der Technik und in die Unterwerfung der Natur durch die Vernunft gemündet ist. In der *Dialektik der Aufklärung* wird diese Idee auch auf unseren Umgang mit den Tieren angewendet. Gemäss dem Abschnitt «Mensch und Tier» zeigt sich die Herrschaft der instrumentellen Vernunft auch darin, dass der Mensch sich die Tiere gleichmacht. Als Beispiel dient Horkheimer und Adorno der Behaviorismus, eine zu jener Zeit populär werdende psychologische Position, wonach alles

Verhalten von Lebewesen, egal ob Mensch oder Tier, als konditionierte Reaktion auf Reize erklärt werden kann. Die Behavioristen, schreiben Horkheimer und Adorno, versuchten, den Unterschied zwischen Mensch und Tier, durch den sich der Mensch in der europäischen Geschichte selbst definiert habe, vergessen zu machen: «Die Behavioristen haben [diesen Unterschied] bloss scheinbar vergessen. Dass sie auf die Menschen dieselben Formeln und Resultate anwenden, die sie, entfesselt, in ihren scheusslichen physiologischen Laboratorien wehrlosen Tieren abzwingen, bekundet den Unterschied auf besonders abgefeimte Art. Der Schluss, den sie aus den verstümmelten Tierleibern ziehen, passt nicht auf das Tier in Freiheit, sondern auf den Menschen heute.» Wenn man diese Passage liest, möchte man den letzten Satz unwillkürlich anders zu Ende lesen: «... sondern auf den Menschen in Gefangenschaft». Diese Assoziation, die durch den Gegensatz zum Begriff «Freiheit» hervorgerufen wird, ist nicht bloss eine poetische Spielerei, darin klingt der Kern des Arguments an: Im Umgang der Behavioristen mit den Tieren, die sie Laborversuchen unterziehen, um daraus Gesetzmässigkeiten für das Verhalten sämtlicher Lebewesen abzuleiten, zeigt sich ihre Gefangenschaft in jener instrumentellen Vernunft. Ohne Rücksicht auf die feinen Unterschiede unterwirft diese Vernunft alles Lebendige denselben «Formeln und Resultaten». Dem Hauptargument der *Dialektik der Aufklärung* nach hat sich die einstige Utopie der Aufklärung, dass das Licht der Vernunft die Finsternis des Irrglaubens vertreiben würde, in eine neue Finsternis verkehrt, in der die Vernunft zu einer unterdrückerischen Macht geworden ist. Die Behavioristen wollten den Unterschied zwischen Mensch und Tier zwar beseitigen, wie es in der Passage weiter heisst, bestätigten ihn durch diesen Versuch aber gerade – denn ihre Mittel der Erkenntnis werden dem, was sie zu beschreiben versuchen, dem «Tier in Freiheit», nicht gerecht. Das Tier wird im Labor zwar von Menschenhand gequält, doch die Verbindung zu ihm ist abgerissen – es ist nur noch Material.

Mit Horkheimer und Adorno können wir die industrielle Landwirtschaft also als eine Verkörperung der instrumentellen Vernunft verstehen: als eine Form der Landwirtschaft, in der die Tiere als Mittel zum Zweck der Produktivitätssteigerung ausgebeutet werden. Dabei wird ihre Würde oder Eigenheit von den Zwecken der Gesellschaft verdrängt – auf diese Weise kann man sich auch vorstellen, was Horkheimer und Adorno mit der Unterwerfung der Natur durch die instrumentelle Vernunft meinen. Ausserdem gibt es eine Verwandtschaft zwischen dieser Idee der Unterwerfung der Natur und einem wiederholt geäusserten Selbstverständnis von Hornaktivist Capaul: dass er kein Landwirt sei, sondern ein Bauer. Der Unterschied in der Bedeutung, um den es Capaul dabei geht, deutet sich bereits in der Etymologie der beiden Wörter an. In «Landwirtin» steckt der Wortteil *wirt*, der im Mittelhochdeutschen in verschiedenen Verbindungen mit dem Haushalt und der Ehe zusammenhängt: *wirtliute* sind Eheleute; die *wirtin* ist die Ehefrau, Hausfrau oder Herrin; «Wirtschaft» ist die Tätigkeit des Hausherrn oder der Hausherrin, was schon damals mit dem Empfang von Gästen zu tun hatte. Im Wort «Landwirtin» schwingt neben Haushaltung und Gastgebertum also auch die Konnotation von Herrschaft mit – die Landwirtin ist die Herrin über das Land. Das Wort «Bauer» dagegen geht auf das mittelhochdeutsche *gebûr* zurück, das neben seiner bereits damals existierenden Bedeutung «Bauer» auch mit «Nachbar», «Dorfgenosse» oder «Mitbürger» übersetzt werden kann; am schweizerdeutschen Wort «Nachbur» ist die Verwandtschaft von «Bauer» und «Nachbar» noch gut sichtbar. Im Gegensatz zu «Landwirtin» fehlt bei all diesen Bedeutungen die Konnotation der Herrschaft – «Bauer» betont vielmehr die Solidarität innerhalb einer Gemeinschaft. Das passt gut zur Begründung, die Capaul für sein Selbstverständnis als Bauer gibt: Im Gegensatz zum Betreiben von Landwirtschaft, das für ihn vor allem eine unternehmerische Tätigkeit ist, versteht er das Bauern als eine ganzheitliche Tätigkeit im Einklang mit der Schöpfung. Oder wie man anders formulieren könnte: Zur Landwirtschaft in diesem Sinn gehört die Unterwerfung des Landes und damit auch der Tiere unter die eigenen, wirtschaftlichen Zwecke; beim Bauern hingegen geht es um eine gemeinschaftliche, ebenbürtige Beziehung zur natürlichen Grundlage der eigenen Tätigkeit.

Wenn der Begriff der industriellen Landwirtschaft dazu dienen soll, die aktuellen Verhältnisse in der Schweiz zu kritisieren, gibt es allerdings ein Problem: Gegen wen soll man argumentieren? Kaum jemand würde sich explizit zu Tierfabriken, überzüchteten Hochleistungskühen oder dem Primat der Produktivität gegenüber der Tierwürde bekennen. Sicher ist der kleine Bergbauernhof der Capauls im Berner Jura näher am geltenden Ideal der Schweizer Landwirtschaft als einer ihrer durchschnittlichen Betriebe – Capaul ist nicht der Einzige, der lieber Bauer als Landwirt sein will. Das Kuhhorn ist das beste Beispiel dafür: Auch Politikerinnen und Politiker, welche die Hornkuh-Initiative ablehnen, inklusive Bundesrat Johann Schneider-Ammann, betonen gern, dass ihnen behornte Kühe besser gefallen. Was macht man also mit dem industrialisierten Teil der Landwirtschaft, wenn er nicht sein soll? – Man tut so, als würde es diesen gar nicht geben. Jedenfalls ist das die Strategie von Markus Ritter, dem Präsidenten des Schweizer Bauernverbands, als er schriftlich auf einige Fragen antwortet. Ritter streitet auf diesem Weg kurzerhand ab, dass es in der Schweiz überhaupt so etwas wie industrielle Landwirtschaft gibt: «Wir haben in der Schweiz aufgrund unseres strengen Tierschutzgesetzes keine industrielle Landwirtschaft. Für den Schweizer Bauernverband sind kleine und grössere Betriebe gleichermassen wichtig.» Klar, niemand würde bestreiten, dass die Zustände in der Schweiz weit entfernt sind von den grössten Rinderfarmen der Welt in China, Australien oder den USA. Doch mit seiner Antwort geht es dem Bauernpräsidenten kaum um die akkurate Beschreibung der Schweizer Landwirtschaft – eher will er verhindern, dass deren sauberes Image mit Vorstellungen von kalten Maschinen und anonymen Fabriken beschmutzt wird. Doch können wir gegen Ritter argumentieren, ohne einfach die Grenze zu verschieben, hinter der die industrielle Landwirtschaft anfängt und an der die romantische aufhört?

Für die Schweizer Landwirtschaft zeigen die Daten des Bundesamts für Statistik (BFS) einen kontinuierlich voranschreitenden Strukturwandel hin zu einer immer intensiveren Produktion. Während die Anzahl Betriebe kontinuierlich abnimmt – von knapp 80 000 Betrieben 1996 auf noch gut 50 000 in 2017 –, nimmt die landwirtschaftliche Nutzfläche pro Betrieb kontinuierlich zu – zwischen 1996 und 2017 von rund 13 Hektaren auf über 20 Hektaren. Denn insgesamt ist die Nutzfläche seit 1996 fast konstant geblieben. Also nimmt auch der Anteil der grössten Betriebe zu: Während Betriebe mit mindestens 20 Hektaren 1996 erst gut 20 Prozent ausmachten, lag ihr Anteil 2017 schon bei über 40 Prozent. Zur Anzahl der Beschäftigten in der Landwirtschaft stellt das BFS Daten seit 2000 zur Verfügung: In diesem Zeitraum sank ihre Zahl von 200 000 auf 150 000. Weil immer weniger Personen eine etwa konstant bleibende Fläche bewirtschaften, steigt auch die Arbeitsproduktivität: zwischen 1992 und 2015 um 40 Prozent, danach sank sie zuletzt wieder leicht. Die Daten zeigen also eine klare Tendenz: Immer weniger Betriebe mit immer weniger Angestellten bewirtschaften eine etwa konstant bleibende Fläche, also müssen die Betriebe immer grösser werden. Die Intensivierung lässt sich auch am Beispiel der Kühe illustrieren: Von 2000 bis 2015 nahm die Anzahl Kühe zwar um mehr als 10 Prozent ab, doch die Anzahl Betriebe mit Kühen nahm um ganze 35 Prozent ab – die Herden wurden also deutlich grösser. Und obwohl die Anzahl Kühe zurückging, stieg die Milchproduktion im selben Zeitraum um 5 Prozent – die einzelne Kuh musste also mehr Milch geben.

> Die Herden wurden deutlich grösser. Die einzelne Kuh musste mehr Milch geben.

Trotzdem kann es problematisch sein, den Begriff der Industrialisierung auf die Landwirtschaft anzuwenden. In der Geschichtsschreibung waren sich Landwirtschaft und Industrie zunächst sogar entgegengestellt – die Industriegesellschaft löste demnach im 19. Jahrhundert die Agrargesellschaft ab. Doch abgesehen von diesem engen historischen Begriff lassen sich auch in der Landwirtschaft Prozesse wie Rationalisierung oder Mechanisierung beschreiben – im Vergleich zur Industrie ist die Tragweite solcher Prozesse allerdings eingeschränkt. Das schreibt der auf die Agrargeschichte spezialisierte Historiker Peter Moser der Universität Basel in seinem Beitrag über Agrarproduktion im Standardwerk *Wirtschaftsgeschichte der Schweiz im 20. Jahrhundert*. Eingeschränkt werden landwirtschaftliche Betriebe dadurch, dass sie an einen bestimmten Standort gebunden sind, wie auch durch die biologischen Erneuerungszyklen von Tieren und Pflanzen. «Das Rationalisierungspotenzial moderner Landwirtschaften bewegt sich deshalb in einem mit dem Bildungs- und Gesundheitswesen vergleichbaren Rahmen: Dem Bestreben, menschliche Arbeitskraft durch mineralische Ressourcen zu ersetzen, sind bei der Pflege und Betreuung von Menschen, Pflanzen und Tieren engere Grenzen gesetzt als bei der Produktion industrieller Güter.» Wie Pflegearbeit zeichnet sich die Landwirtschaft also dadurch aus, dass die industrielle Organisation von Arbeitsabläufen darin an eine scheinbar natürliche Grenze stösst. Dieser natürliche Teil lässt sich zwar in industriell organisierte Abläufe integrieren, diese können ihn aber nie ganz durchdringen. Ein Bauernhof kann sich einer Fabrik angleichen, wie der Roboterstall von Jürg Oberli in Sumiswald zeigt: Füttern, melken, misten – alles wird darin vollautomatisch von Robotern ausgeführt. Doch Milch geben, wie wir sie heute gewohnt sind, kann nur eine Kuh. Wegen diesem unindustrialisierbaren Rest hat Moser die Bauernschaft auch als die «einzige Klasse mit eingebautem Widerstand gegen die Konsumgesellschaft» bezeichnet.

Doch die Grenze zu diesem natürlich erscheinenden Bereich ist nicht von Natur aus gegeben, sondern lässt sich zum Beispiel durch Zucht verrücken. Gerade die Kuh, ein scheinbar grenzenlos duldsames Tier, kann sich stark an Produktionsprozesse anpassen. In einem Interview mit der «Wochenzeitung» (WOZ) hat Anet Spengler Neff vom Forschungsinstitut für biologischen Landbau (FiBL) die Strapazierfähigkeit von Rindern wie folgt beschrieben: «Man kann sie mit Züchtung und Kraftfutter zu enormen Milchleistungen bringen: Sie können zehn- bis fünfzehnmal mehr Milch geben, als ein Kalb bräuchte. Und man kann aus einem einzigen Ejakulat eines Stiers bis zu achthundert Samendosen herstellen. Das geht bei keinem anderen männlichen Tier.» Geradezu zelebriert wird die Ausbeutung der Kuh an Viehschauen, an denen die Kriterien eines Schönheitsideals angewendet werden, das vor allem mit Leistung zu tun hat. Denn das wichtigste Kriterium ist das pralle Euter, wozu die Kühe vor den Schauen möglichst lange nicht gemolken und manchmal ihre Zitzen verklebt werden, damit keine Milch heraustropft. Auch wegen der Resultate einer Studie wurden auf Schweizer Viehschauen dieses Jahr strengere Regeln eingeführt. Diese schreiben vor, dass die Kühe auf Wasseransammlungen, sogenannte Ödeme, im Euter geprüft werden müssen und in schweren Fällen Verstösse mit Busse bestraft werden können. In jener Studie untersuchte ein Team der Vetsuisse Fakultät der Universität Bern Kühe an Schweizer Viehausstellungen: Bei 23 Prozent der 321 untersuchten Kühe wurde ein Ödem im Euter entdeckt; bei 16 Prozent wurden im Blut Entzündungshemmer nachgewiesen; und bei 86 Prozent waren die Zitzen mit Kollodium verklebt. Von da aus kann es nicht mehr weit sein bis zum Punkt, an dem der Kuhkörper kollabiert. Doch diese natürliche Grenze bekommt in der Landwirtschaft nicht nur die Kuh zu spüren, sondern auch der Mensch – nur zeigt sich die Bedrohung bei ihm nicht direkt am Körper, sondern an der von äusserem Druck geplagten Psyche. Davon zeugen die regelmässigen Medienberichte über häufiger werdende Suizide in der Schweizer Landwirtschaft. Offizielle Zahlen dazu gibt es nicht, doch 2017 berichtete der «Blick»: «Depressionen, Burn-outs oder Suizide nehmen dramatisch zu.» Das Blatt hängte seine Geschichte an einer alarmierenden Zahl auf: 2016 nahmen sich im Kanton Waadt acht Bauern das Leben, doppelt so viele wie im Jahr zuvor. Auch Bauernpräsident Markus Ritter bestätigt gegenüber der Zeitung, der Verband stelle eine Häufung von Suiziden fest.

> Von der Krise zeugen Medienberichte über häufiger werdende Suizide in der Schweizer Landwirtschaft.

Aus der Innenperspektive muss der Strukturwandel der Landwirtschaft auf viele Bäuerinnen und Bauern also einen Druck ausüben, der hinter den nackten Zahlen zur Intensivierung der Produktion verborgen bleibt. Zumindest eine Ahnung der Innenperspektive vermittelt der 2016 veröffentlichte Dokumentarfilm *Bauer unser* des österreichischen Filmemachers Robert Schabus. Zwar wirken die österreichischen Grossbauern, die Schabus in dem Film interviewt, keineswegs so, als wären sie am Rand des Zusammenbruchs. Doch wenn man sie sprechen hört und sieht, wird sofort klar, dass etwas nicht stimmt. Im Auftreten dieser Bauern zeigt sich eine vielsagende Ambivalenz: Einerseits sagen sie Sätze, die scheinbar zynisch der Ideologie von Markt und Produktivität hinterherschwatzen; anderseits wird auch ihr Unbehagen gegenüber dem System der industriellen Landwirtschaft spürbar, das von jener Ideologie gestützt wird. Die Bauern kritisieren das System nicht, aber sie sagen auch nichts Gutes darüber – sie sagen nur, was zu tun ist. Der Abgrund des Systems tut sich auf zwischen den leeren Sätzen der Bauern und den von ihnen gemanagten Tierfabriken, die man im Hintergrund sieht. Die Bauern vermitteln den Eindruck, als hätten sie diese Fabriken nicht aus einer bewussten Entscheidung heraus erreichtet, sondern als wären sie ihnen eher zugestossen. Es klingt wie ein Schicksal, wenn sie von der gnadenlosen Dynamik des Strukturwandels in der Landwirtschaft erzählen: Die Einnahmen brechen ein, zum Beispiel, weil der Milchpreis gefallen ist, wie 2015 nach der Auflösung der Milchquote in der EU; bei der Bank gibt es Kredite, um durch die Expansion des Betriebs die Umsätze wieder zu steigern; mit dem Geld der Bank werden riesige, mechanisierte Ställe für Hunderte, Tausende oder Zehntausende Tiere gebaut, in denen die meisten Arbeitsschritte von Maschinen erledigt werden; der Betrieb wird rationalisiert, also die weniger rentablen Bereiche abgestossen, bis irgendwann nur noch einer übrig bleibt, zum Beispiel Milchkühe, Mastschweine oder Legehühner; nun muss alles optimal laufen, damit die Bank am Ende des Monats gute Zahlen sieht; und wenn es irgendwann nicht mehr gut läuft, gibt es bei der Bank wieder Kredite.

Einer der Bauern ist Friedrich Grojer aus Görtschitztal, der seine 130 Milchkühe mit Leistungssportlern vergleicht, die nur unter optimalen Bedingungen die volle Leistung bringen, und sagt: «Wenn wir die Sache gut machen, wird's gehen, und wenn wir sie schlecht machen, werden wir aussortiert – vom Markt.» Nach einer kurzen Pause schiebt er hinterher, was hoffnungsvoll klingen könnte, wenn man daran glauben würde – doch es klingt eher verzweifelt: «Es liegt an uns.» Martin Suette hält im Unteren Gurktal 1300 Mastschweine und spricht als Erstes von seiner Freude am Bauersein. Dann zählt er verschiedene Parameter auf, nach denen er seinen Betrieb optimiert habe, bis keine Schraube mehr übrig geblieben sei, an der man noch hätte drehen können: «Wir sind jetzt bei einem Tierausfall von unter 0,5 Prozent – besser kann man nicht werden.» Ihm sei lieber, wenn sein Betrieb nicht noch weiter wachse, sagt Suette. Er lässt offen, ob sein Sohn irgendwann vielleicht anders darüber denken wird – «aber wo ist dann Schluss?» Von der leeren Hühnerfabrik im Lavanttal, die Platz bietet für 65 000 Legehühner, sieht man nur einen endlos langen Gang, der seitlich von regalartigen Konstruktionen aus Metall begrenzt wird. Im Gang steht Franz Tatschl und sagt einen Satz, der wohl nicht falsch ist: «Sie können sich hier frei bewegen, das ist artgerechte Tierhaltung, wie sie vom Gesetz gefordert wird.» Erst wenn der Schnitt kommt und man die Halle im Alltagsbetrieb sieht, kommt einem der Gedanken, dass vielleicht mit dem Kontext jenes Satzes und mit dem darin erwähnten Gesetz etwas nicht stimmen kann. Es ist dunkel in der Halle, nur dem Boden entlang schimmert ein mattes grünes Licht. Die Hühner stehen oben auf dem Metallgestell, flattern wild durch den Gang oder kommen sich am Boden in die Quere. Wie die vollautomatische Anlage funktioniert, erklärt Tatschl wieder in der leeren Halle: Eier und Kot werden auf parallelen Förderbändern wegtransportiert. Die drei Bauern scheinen sich mit ihrer Situation gut arrangiert zu haben. Doch die entleerte Sprache, mit der sie, mitten in ihren Tierfabriken stehend, an der offensichtlichen Realität vorbeireden, trägt vielleicht Spuren jener moralischen Verrohung, von der Kant gesprochen hat. Wenn man sich das so anschaut, kann man sich auch fragen, ob nicht die Misshandlung der Tiere, die auf diese Weise auf sie zurückwirkt, am Ende ihre eigene Würde untergräbt.

Bereits 2005 kam in Österreich ausserdem ein Dokumentarfilm über die europäische Nahrungsmittelindustrie heraus: In beklemmend präzisen, unkommentierten Bildern zeigt der Regisseur Nikolaus Geyrhalter in *Unser täglich Brot* die Auswüchse der Massenproduktion von Lebensmitteln zwischen Schlachthöfen, endlosen Gemüsefeldern und Fabriken. Die beiden Filme visualisieren den Innenraum desselben Systems, nur von gegenüberliegenden Seiten. Doch zum Denken regt eine andere Gemeinsamkeit an: Beide Filme zitieren in ihrem Titel die Bibel, beide sogar das Gebet Vaterunser. In dessen Zeile «Unser täglich Brot» steht das Brot für ein Gottesgeschenk. Vielleicht ist dieser Titel eine ironische Abrechnung mit einer Industrie, die jede Demut vor den Früchten der Erde verloren hat und keinen Unterschied mehr macht zwischen Nahrungsmitteln und jedem anderen Produkt –

oder eben: der nichts mehr heilig ist. Mit dem Ausdruck «Bauer unser» wird der Bauer gleich selbst an die Stelle von Gott gesetzt. Die Lücke, die zwischen dieser Heiligsprechung und der im Film gezeigten Realität in der industriellen Landwirtschaft klafft, ist nur ein anderer Ausdruck für unser Unbehagen gegenüber der völligen Unterwerfung des Lebendigen unter die Logik der Industrie. In beiden Filmen wirkt dieses Unbehagen umso stärker, weil es, von kommentierender Lenkung ungestört, beim Anblick der Bilder einfach aufsteigen kann. Denn man braucht nicht an einen Gott zu glauben, um die Intuition zu teilen, dass es jenes Heilige am Lebendigen gibt – etwas, man kann es auch Würde nennen, das unantastbar ist. Wird die Grenze zu diesem Etwas überschritten, wenn die Schweine von Martin Suette dicht an dicht mit tausend anderen gemästet, nach ihrem Tod im Schlachthof an einem Förderhaken befestigt und im Takt längs zersägt werden? Die meisten würden wohl sagen ja. Gleich würde die Antwort wohl bei einem anderen Beispiel ausfallen, das gemäss europäischen Tierschutzbestimmungen gar nicht erlaubt wäre: Auf den Megafarmen in den USA mit bis zu mehreren Zehntausend Tieren werden den Rindern manchmal mit speziellen Pistolen Chips unter die Haut geschossen, die deren Körper konstant auf Hormone setzen, wodurch sie vierzig Prozent schneller das Mastalter erreichen. Und auch beim Beispiel der angeblich grössten Rinderfarm der Welt in der Provinz Heilongjiang im Nordosten Chinas, in der hunderttausend Kühe gehalten werden, würden viele wohl zustimmen, dass hier jene Grenze überschritten wurde. Es gibt Bilder, auf denen man von oben auf die Hallen mit den grünen Dächern sieht, die nebeneinander in einer flachen, unbewohnten Einöde stehen. Die Flächen der Hallen sind so gross, dass man bei den weiter entfernten zuerst die Höhe nicht erkennt und sie für flache Felder hält.

Doch das sind extreme Beispiele, und wer die darin beschriebenen Verhältnisse als grausam ablehnt, kann die Schweizer Landwirtschaft immer noch für ein Tierparadies halten. Nun sag, wie hast du's mit dem Kuhhorn? – Diese Gretchenfrage ist komplizierter. Wie gesehen, lässt sich gut argumentieren, dass das Enthornen von Kälbern und die Züchtung von genetisch hornlosen Rindern die Tierwürde verletzt. Doch es geht hier nicht darum, moralische Regeln aufzustellen und deren Übertretung zu tadeln – sondern um eine utopische Frage: Müssten nicht auch in der Schweizer Landwirtschaft sämtliche Verhältnisse sofort umgestürzt werden und eine ganz andere Beziehung zwischen Mensch und Tier entstehen, wenn man eine Idee wie die Tierwürde wörtlich nähme? Doch all das wegen eines Kuhhorns? Eine Revolution in der Landwirtschaft wegen eines durchbluteten Knochenzipfels? Ein mögliches Szenario: Die Initiative wird von der Stimmbevölkerung angenommen und zur Zufriedenheit von Initiant Capaul umgesetzt. Die bisherigen Halterinnen und Halter von behornten Kühen werden für einen kleinen Teil ihres Mehraufwands entschädigt, darüber hinaus werden sich auch ein paar Bäuerinnen und Bauern dafür entscheiden, auf behornte Kühe umzusteigen. Und wenn man sich das so anschaut, muss man sagen: Es bleibt eigentlich alles beim Alten. Doch das Kuhhorn kann mehr – im besten Fall dazu anstiften, über unser Verhältnis zu Nutztieren und anderen Tieren nachzudenken. Es kann für jenes Alte eine Provokation sein, im besten Fall eine Zumutung.

Doch auch wenn die Revolution in der Landwirtschaft ausbleibt, kann sich zumindest der Blick auf Tiere, vor allem Nutztiere, verändern. Denn auch ein Blick kann vom Bewusstsein für die Würde eines Tiers informiert sein. Wobei, über Haben oder Nichthaben dieses Blicks entscheidet kaum die Reflexion, sondern die Praxis. Er ist nicht vor allem eine Frage der Haltung gegenüber Tieren, sondern der Distanz, die einen von ihnen trennt. Als Beispiel sollen hier wieder die Kühe dienen. Die meisten Menschen, die mit Kühen selten bis nie direkt in Kontakt treten, sehen Kühe so, wie sie aufgereiht in einem riesigen Stall erscheinen: als anonyme Masse, als Herde. Wenn diese Distanz abgebaut wird, tritt die Herde in den Hintergrund und das Individuum tritt aus ihr hervor. Genau von diesem Übergang erzählt auch der Senn Martin Bienerth. Nach seinen ersten paar Sommern auf der Alp habe er die Herde immer weniger einheitlich wahrgenommen und plötzlich ganz unterschiedliche Charaktere angetroffen. Doch wenn man solchen Charakteren nie selber begegnet ist, kann man sich die Erfahrung einer solchen Begegnung dann erzählen lassen?

Als ich kürzlich Benjamin Stillhart getroffen habe, mit dem ich seit einigen Jahren befreundet bin, erzählte er einige seiner Kuhanekdoten von der Alp. Nachdem er schon während seiner Kindheit im St. Galler Toggenburg regelmässig Zeit auf Bauernhöfen verbracht hatte, entdeckte er vor ein paar Jahren die Alp und verbrachte seither mehrere Sommer dort. Beim letzten Mal war er zusammen mit zwei Kollegen, alle drei ausgebildete Sozialarbeiter, oberhalb von Sargans für eine Herde von 88 Milchkühen und 45 Schweinen verantwortlich. Das Mitgefühl, mit dem er die Begegnungen mit den Kühen beschrieb, ist berührend. Einmal habe er eine Kuh dabei beobachtet, wie sie mit ihrem Fuss immer wieder gegen ein auf dem Boden stehendes Melkaggregat, einen Behälter, in dem die Milch nach dem Melken aufgefangen wird, stiess. Als sie bemerkte, dass er den Stall betreten hatte, hörte sie sofort damit auf, schaute aber immer wieder über ihre Schulter, wie um abzuwägen, ob sie ihren Streich vielleicht doch fortsetzen sollte. Ein andermal habe er gerade damit angefangen, eine Kuh zu melken, als sich hinter ihm eine andere auf den Boden legte, die er kurz zuvor gemolken hatte. Als er sich auf den Boden setzte und sich an ihren Bauch lehnte, legte sie ihren Kopf auf seinen Schoss und drückte ihn mit dem Kopf an ihren Körper, als wollte sie ihn umarmen. In der dritten Geschichte kommen Hörner vor; auf jener Alp verbrachte auch eine ältere Kuh mit besonders langen Hörnern den Sommer. Er zweifle nicht daran, dass die Kuh sich der Grösse ihrer Hörner und deren potenzieller Gefahr für Menschen und Tiere bewusst war. Denn als er sie jeweils von der Kette losgebunden habe, habe sie ihren Kopf so langsam und vorsichtig gesenkt und durch die Metallstangen des Gitters gelenkt, wie er es zuvor noch nie beobachtet habe. Für Menschen, die sich regelmässig in einer Welt bewegen, die von Kühen bevölkert wird, gehören solche Geschichten zum Alltag. Doch für Aussenstehende, die beim Wandern vielleicht einmal eine Kuh vom Zaun aus beobachten, können sie überraschend sein. Entweder, weil sie sich dazu nie Gedanken gemacht haben, oder weil sie es nicht für möglich gehalten haben, dass Kühe intelligente Tiere sind, die ein komplexes Sozialleben führen. Es gibt sogar das Vorurteil, Kühe seien dumm. Die deutsche Umgangssprache kennt einen beleidigenden Ausruf, der gleichsam auf Kosten von Frauen wie von Kühen geht: «Du dumme Kuh!» Dahinter steckt das Vorurteil, Kühe seien stumpfe Herdentiere, deren Existenz darin bestehe, den ganzen Tag zu fressen, wiederzukäuen und für uns Milch zu produzieren.

Auch gegen diese Auffassung von Kühen hat die britische Bäuerin Rosamund Young das bemerkenswerte Büchlein *The Secret Life of Cows* geschrieben. Zugegeben, Kühe verbringen tatsächlich einen Grossteil ihres Tages mit Fressen und Verdauen – etwa 16 Stunden, je acht für beide Tätigkeiten. Doch in der Zeit dazwischen, wenn die Kühe nicht gerade schlafen, passiert ganz viel. Es ist ausschliesslich diese Zeit, um die es in *The Secret Life of Cows* geht – die Zeit, in der die Kühe nicht für uns «arbeiten», sondern ihren eigenen Interessen nachgehen und die Beziehungen untereinander pflegen. Zusammen mit ihrem Bruder und ihrem Partner führt Young den biologischen Bauernhof Kite's Nest, der in der hügligen Graslandschaft der Cotswolds im mittleren Westen von England liegt. Ihre Eltern haben den Hof 1953 gegründet und schon früh nach tiergerechten und ökologischen Kriterien geführt. Die Kühe dürfen das ganze Jahr über auf die Weide und ernähren sich ausschliesslich von Gras und Heu. Die Kälber wachsen mit der Herde auf, bleiben so lange bei ihrer Mutter, wie sie wollen und ihr Fleisch gibt es nur im hofeigenen Laden zu kaufen. Young schreibt, dass einige ihrer frühesten Erinnerungen überhaupt Geschichten waren, die ihre Eltern über die Tiere auf dem Hof erzählten. *The Secret Life of Cows* ist im Grunde eine Sammlung von Anekdoten über Kühe und ab und zu auch andere Tiere wie Hühner oder Schafe, welche die Autorin als Fortsetzung jener mündlichen Tradition von Tiergeschichten versteht. Wenn Young das Verhalten der Kühe auf ihrem Hof beschreibt, folgt sie dabei weder einer wissenschaftlichen Systematik, noch erfährt man daraus besonders viel über Kühe aus biologischer Perspektive. *The Secret Life of Cows* wirkt auf den ersten Blick geradezu naiv, am ehesten liest es sich wie ein Kinderbuch: Die Tiere tragen Namen und werden hemmungslos vermenschlicht; manchmal beschreibt Young, wie sie untereinander «Gespräche» führen. Trotzdem oder gerade deshalb ist das Buch so klug. Statt zu den Kühen eine Distanz einzunehmen und ihr Verhalten von dort aus erklären zu wollen, wie es eine Verhaltensforscherin tun würde, bedient Young sich der psychologischen Mittel, die ihr unmittelbar zur Hand sind, um sich in die Tiere einzufühlen. Was dabei herauskommt, ist nicht Erkenntnis in einem naturwissenschaftlichen Sinn, sondern eine aus jeder Seite sprechende Haltung: Kühe sind Persönlichkeiten mit einem eigenen Charakter und wenn man sie genau beobachtet, öffnet sich ein Kosmos.

> Kühe sind Persönlichkeiten mit einem eigenen Charakter, und wenn man sie genau beobachtet, öffnet sich ein Kosmos.

Wenn man probiert, Youngs Geschichten wiederzugeben, merkt man bald, dass das schwierig ist. Zwar lassen sich diese in Teilen nacherzählen, doch es fällt schwer, Elemente darin zu gewichten – jedes Detail kann ganz aufregend oder völlig banal sein. Die auf knapp zwei Seiten erzählte Geschichte über die Kuh Amelia etwa beginnt mit der Beschreibung ihres nachdenklichen Charakters, bevor Young anmerkt, sie könnte nun tausend Seiten über das Tier schreiben und hätte seinen Charakter immer noch nicht einmal halb akkurat erfasst. Danach geht sie über zur Beschreibung von Amelias anfangs schwieriger, dann aber auch inniger Beziehung zu Youngs Bruder Richard. Die Geschichte endet mit einer für viele Leserinnen und Leser wohl erstaunlichen Fähigkeit des Tiers: dass es schon aus der Ferne zuverlässig Richards kleines, rotes Auto erkennen könnte, und dieses noch nie mit einem anderen roten Auto verwechselt habe. Obwohl diese Fähigkeit das einzige wirklich «Informative» an der Geschichte ist, könnte man sie nicht als ihr Thema oder ihre Pointe bezeichnen – die Geschichte läuft nicht darauf hinaus. Zwar wird das gute Gedächtnis von Amelia bereits am Anfang erwähnt, doch wie Young selber schreibt, macht sie eine solche Eigenschaft nicht aus, sondern ist nur eine von endlos vielen, die man auf tausend Seiten beschreiben könnte. Zwar gibt die Autorin dem Detail von Amelias Fähigkeit Gewicht, indem sie es in den letzten Satz schreibt – weil sie um seine überraschende Wirkung weiss. Doch die Attraktion steht dabei für sich, sie will nichts demonstrieren – etwa, dass Kühe intelligenter sind als die Leserin oder der Leser denkt. Es geht schlicht und einfach darum, sich an der Welt der Tiere zu erfreuen. Young will damit auch nicht ihre eigene Tierliebe herausstellen oder andere dafür tadeln, dass ihnen diese fehlt. Hinter *The Secret Life of Cows* steckt ein Gedanke, der mehr mit der Gesellschaftskritik der *Dialektik der Aufklärung* zu tun hat als mit einer sentimentalen Tiergeschichte: Ob wir Kühe *für* charakterstark oder intelligent halten, hängt entscheidend davon ab, ob wir sie *als* charakterstark oder intelligent halten. Abgesehen von den biologischen Voraussetzungen muss eine Kuh, um Intelligenz oder Charakter zu zeigen, also auch über eine entsprechende Welt verfügen, in der sie diese Eigenschaften ausleben kann. Bei Katzen, Hunden oder Pferden sind die meisten von uns es viel eher gewohnt, sie als Individuen mit eigenem Charakter zu sehen. Für Young hat das vor allem mit der Lebenswelt zu tun, in der wir diesen Tieren begegnen – bei Haustieren ist diese meist vielseitiger gestaltet, und wir können uns besser in sie einfühlen, weil sie sich stärker mit unserer eigenen Lebenswelt überschneidet. Ein Stall in der Massentierhaltung bietet schlicht zu wenige Anknüpfungspunkte, an denen der Charakter der Tiere sich kristallisieren könnte und anhand derer wir uns in sie einfühlen könnten. Doch zur Lebenswelt gehört nicht nur der Raum selbst, sondern auch die Beziehung, die wir darin zu den Tieren pflegen. Um Pferde hat sich längst eine komplexe Kultur aus Sport, Freizeit und Therapie gebildet, die weit über die Nutzung des Tiers als Ressource hinausgeht und in der die individuelle Beziehung zwischen Mensch und Tier gewichtet wird. Dem gegenüber erscheinen Kühe für viele nur als Milchproduzentinnen – eine Funktion, in der ihnen kein anderer Ausdruck bleibt als ihre abstrakte Leistung. Young ist davon überzeugt, dass sich die Lebenswelt der Tiere über die Dauer an ihnen abzeichnet, sie geradezu formt. *The Secret Life of Cows* ist kein moralisches Buch, doch diese Überlegungen zum Verhältnis der Tiere zu ihrer Lebenswelt unterwandern all das, was eine industrielle Logik in der Landwirtschaft legitimieren könnte. Young schreibt: «Menschen und Tiere können scheinbar ihre Identitäten verlieren oder völlig eins werden mit einer Institution, wenn sie gezwungen werden, in unnatürlichen, überfüllten, gesichtslosen, reglementierten oder langweiligen Umständen zu leben. Wenn dies geschieht, ist das kein Beweis dafür, dass die einzelnen Individuen alle gleich sind oder so behandelt werden wollen, als wären sie es.» Der Ausdruck von Kühen mag unter bestimmten Verhältnissen limitiert sein, doch diese Limitierung kann nicht zum Massstab genommen werden für ihre Möglichkeiten und Bedürfnisse – das würde nur heissen, diese Verhältnisse zu legitimieren.

Je länger man in diesem Buch liest, desto grösser, detailreicher und mit mehr Figuren bevölkert wird der Kosmos, den es beschreibt. Dabei wirkt es so, als würde Young sich diesen Kosmos beim Schreiben nicht nur selbst erschliessen, sondern ihn dadurch in gewisser Weise auch erschaffen – *The Secret Life of Cows* wird selbst zum Teil dieses Kosmos. Den Tieren eine andere Lebenswelt zu schaffen, heisst also nicht nur, grössere Ställe für sie zu bauen oder mehr mit ihnen zu spielen, sondern auch, Geschichten über sie zu erzählen. Denn was heisst es überhaupt, dass eine Kuh intelligent ist oder einen Charakter hat? Auf der Basis der Vorstellung, was diese Begriffe im Verhalten der Menschen bedeuten, erzählt Young von der Kuhintelligenz und vom Kuhcharak-

> Den Tieren eine andere Lebenswelt zu schaffen, heisst auch, Geschichten über sie zu erzählen.

ter. Es ist also keine direkte Erfahrung solcher Begegnungen, die sich erzählen lässt, sondern die Erfahrung der Grenze, an der die Unterschiede zwischen Mensch und Tier zeitweise verschwimmen.

Wenn man die Art beschreibt, wie Young erzählt, liegt es nahe, diese als naiv zu bezeichnen. Das geschah eingangs auch hier – wie sie die Tiere vermenschliche, erinnere an Kinderbücher. Dieser Vergleich ist nicht falsch, aber naiv ist diese Art des Erzählens darum keineswegs. Sie ist vielmehr nostalgisch – denn sie erinnert an eine Beziehung zwischen Mensch und Tier, die im Zuge der Moderne verdrängt wurde. So jedenfalls könnte man es mit dem britischen Schriftsteller und Kunstkritiker John Berger sagen, der in seinem Essay *Warum sehen wir Tiere an*? – 1980 erstmals auf Englisch erschienen – das Tier ins Zentrum der ganzen Kulturgeschichte rückt, um von dieser Erkenntnis aus zu beschreiben, wie der Mensch die Tiere zum Verschwinden gebracht hat. Erst seit dieser Prozess des Verschwindens eingesetzt hat, kann der Anthropomorphismus, die Übertragung menschlicher Eigenschaften auf andere Wesen, auf uns «gebildete» Leserinnen und Leser naiv wirken. Er verunsichere uns, schreibt Berger, weil er uns die Einsamkeit zurückspiegle, in die wir uns begeben haben. «Bis zum 19. Jahrhundert war der Anthropomorphismus wesentlich für die Beziehung zwischen Mensch und Tier und brachte ihre Verwandtschaft zum Ausdruck. Er war das Residuum der ständigen Verwendung von Tiermetaphern. Während der letzten zwei Jahrhunderte verschwanden die Tiere allmählich. Heute leben wir ohne sie.» «Aber halt», könnte man sich nun denken, wenn einem beim Lesen dieser Passage die Hauskatze ums Bein streicht, «wir sind doch überall von Tieren umgeben!» Es geht bei Berger zwar auch um die physische Präsenz von Tieren – im 19. Jahrhundert dienten Pferde in sämtlichen Städten zum Beispiel noch als Transportmittel, doch vor allem auch darum, dass eine bestimmte Verbindung zwischen Mensch und Tier abgerissen ist – auch zur Hauskatze, die einem doch so nahe scheint. Entscheidend für diese Verbindung ist für Berger eine fundamentale Ambivalenz: Zwar sind uns die Tiere in ihrer Sterblichkeit ähnlich, aber gleichzeitig trennt uns von ihnen auch ein unüberwindbarer Graben, weil wir uns nicht mit ihnen verständigen können. «Kein Tier aber bestätigt den Menschen, weder im positiven noch im negativen Sinne. Das Tier kann getötet und gegessen werden, sodass seine Energie der des Jägers hinzugefügt wird. Das Tier kann gezähmt werden, sodass es den Bauern versorgt und für ihn arbeitet. Aber die ihm fehlende gemeinsame Sprache, sein Schweigen gewährleisten seine Distanz, seine Verschiedenheit, seine Ausgeschlossenheit vom Menschen.» Aus dieser Spannung hat sich für Berger letztlich die gesamte menschliche Kultur entwickelt, indem das Tier als ein Anders dem Menschen als erstes Zeichen diente. Durch die ganze Kulturgeschichte hindurch lässt sich beobachten, wie der Mensch sich die Welt und sich selbst mittels Tierzeichen verständlich gemacht hat – die Tierkreiszeichen sind nur eines von unzähligen Beispielen dafür. Und so war auch der Anthropomorphismus, dass der Mensch seine Eigenschaften in den Tieren ausdrückt, einst eine völlig übliche kulturelle Praxis. Dass in der Moderne ein Graben zwischen Tier und Mensch entstanden ist, der diese Praxis plötzlich als irreführend und naiv erscheinen lässt, ist für Berger letztlich die gesellschaftliche Verwirklichung der Philosophie René Descartes. «Der Dualismus, der in der Beziehung des Menschen zum Tier lag, wurde von Descartes internalisiert, er verlegte ihn *in den Menschen.* Indem er strikt den Körper von der Seele trennte, überliess er den Körper den Gesetzen der Physik und Mechanik, und da Tiere keine Seele besassen, wurde das Tier auf das Modell einer Maschine reduziert.» Das erinnert an das Beispiel von Horkheimer und Adorno, wie die Behavioristen im Labor die Tiere zu reinem Material degradieren, indem sie sie ihrer experimentellen Praxis unterwerfen. Doch es ging den Behavioristen ja gerade nicht nur um die physische Existenz der Tiere, sondern um die Erklärung ihres Verhaltens. In dieser Hinsicht, schreiben Horkheimer und Adorno, hätten sie sich das Tier gleichgemacht – es als das beschrieben, was der Mensch in der Gegenwart geworden sei. Auch bei Berger kommt diese Gleichmacherei zur Sprache, die überall dort zum Ausdruck kommt, wo Tiere die moderne Welt bevölkern: in Tiergeschichten, in möglichst naturgetreu nachgebildetem Tierspielzeug, in den Zoos und in der Kultur des Haustiers. All diese Dinge entstanden im 19. Jahrhundert, als sich der Dualismus, die Ambivalenz zwischen Ähnlichkeit und Andersartigkeit zwischen Mensch und Tier auflöste. Doch was sind diese Tiere nach dem Ende dieses Dualismus für uns noch? Auch vor der Moderne seien Tiere im und um das Haus gehalten worden, schreibt Berger, aber das Haustier, wie wir es heute kennen, sei eine genuin moderne Erfindung. Früher seien Tiere im Haushalt vor allem darum gehalten worden, weil sie nützlich waren: als Wach- und Jagdhunde oder als mäusefressende Katzen. Das Halten von Tieren abgesehen von ihrer Nützlichkeit hingegen «gehört zum allgemeinen aber individuellen Rückzug in die private kleine Familieneinheit, der mit Erinnerungsstücken an die äussere Welt dekoriert oder ausgestattet wird, durch den sich Konsumgesellschaften auszeichnen». Wie im Beispiel von Horkheimer und Adorno lässt sich das vollkommen in die Gesellschaft integrierte Tier nicht mehr mit dem

Tier in der Vormoderne vergleichen, von dem uns einst jener spannungsreiche Graben getrennt hat. Das Tier ist nicht mehr unser Gegenüber, wir haben es uns gleichgemacht, wie Berger schreibt: «Das Haustier wird entweder sterilisiert oder sexuell isoliert, in seiner Bewegungsfreiheit ausserordentlich eingeschränkt, fast aller Kontakte mit anderen Tieren beraubt und mit künstlicher Nahrung gefüttert. Das ist der materielle Prozess, der sich hinter dem Gemeinplatz verbirgt, dass Haustiere ihren Herrchen oder Frauchen zu ähneln beginnen. Sie sind die Geschöpfe der Lebensweise ihres Besitzers.»

Aber was heisst das alles nun für das Kuhhorn und die Diskussion über unser Verhältnis zu Nutztieren? Entscheidend für den einstigen Dualismus im Verhältnis zu den Tieren ist laut Berger, dass sich dieser ganz selbstverständlich in drastischen Widersprüchen äusserte: «[Die Tiere] wurden unterworfen *und* verehrt, gezüchtet *und* geopfert.» Überreste davon sieht Berger weiterhin bei einigen Bäuerinnen und Bauern, die «in enger Vertrautheit mit Tieren leben und von ihnen abhängig sind. Ein Bauer hat sein Schwein gern und freut sich doch, dessen Fleisch einzupökeln. Bezeichnend dafür ist, und für den Fremden aus der Stadt so schwer zu verstehen, dass die beiden Aussagen durch ein *und* verbunden sind und nicht durch ein *aber*.» Der beste Ausdruck für dieses Unverständnis des «Fremden aus der Stadt», könnte man sagen, ist der Veganismus. In seiner extremsten Form propagiert dieser, der über Jahrtausende bestehenden Beziehung, in welcher der Mensch die Tiere nutzt, ein Ende zu setzen. Das andere Extrem ist die völlige Gleichgültigkeit gegenüber dem Tier, seine bedingungslose Unterwerfung unter die Zwecke des Menschen

> «Ein Bauer hat sein Schwein gern und freut sich doch, dessen Fleisch einzupökeln.»

und die Logik der Industrie. Die in diesem Buch mittels des Kuhhorns angedachte Utopie einer Landwirtschaft, die der Würde des Tiers gerecht würde, ist ein Mittelweg zwischen diesen Extremen. Ist es nicht der einzig gangbare Weg, wenn wir dem Problem der Beziehung zwischen Mensch und Tier nicht einfach aus dem Weg gehen wollen, wie die Veganerinnen und Veganer, oder dabei dem Zynismus des Kapitals verfallen wollen? Das Kuhhorn selbst ist in dieser Frage das, was wir aus ihm machen: Es kann für uns eine Projektionsfläche für nostalgische Fantasien einer ursprünglichen bäuerlichen Welt sein, die wir als sentimentalen Schleier über die Grausamkeiten der heutigen Gesellschaft legen. Doch im besten Fall kann es, und das hat dieses Buch zu zeigen versucht, auch viel mehr als das sein: eine Regung des Widerstands, ein Stein des Anstosses, um jene Grausamkeiten zu bekämpfen und eine Gesellschaft zu erschaffen, in der Tiere und Menschen mit- und nebeneinander gedeihen können.

Adressenverzeichnis

Schweiz

FiBL – Forschungsinstitut
für biologischen Landbau
Ackerstrasse 113
5070 Frick
www.fibl.org/de/schweiz

Horn+Milch Spezialitäten
Stutzrain 62
6005 St. Niklausen
www.horn-milch.ch

Horn-Kuh-Patenschaft
Hermann und Elisabeth
Kaufmann-Stalder
Sur la Croix 19
2882 St-Ursanne
www.horn-kuh-patenschaft.ch

IG Hornkuh
Armin Capaul
Valengiron
2742 Perrefitte
hornkuh.ch

IG Hornkuh Uri
Reussacherstrasse 23
6460 Altdorf
www.ighornkuh-uri.ch

KAGfreiland
Engelgasse 12a
9001 St. Gallen
www.kagfreiland.ch

Kleinbauern-Vereinigung
VKMB
Monbijoustrasse 31
3011 Bern
kleinbauern.ch

Maria Meyer
und Martin Bienerth
Sennerei
7440 Andeer
www.sennerei-andeer.ch

ProSpecieRara
Unter Brüglingen 6
4052 Basel
www.prospecierara.ch

Schweizer Bergheimat
Letten
6235 Winikon
www.schweizer-bergheimat.ch

Schweizerischer Demeter-
Verband
Burgstrasse 6
4410 Liestal
demeter.ch

Deutschland

Bio-Ring Allgäu e. V.
Untere Eicher Strasse 3
87435 Kempten
www.bioring-allgaeu.de

Demeter e. V. (Demeter
Deutschland)
Brandschneise 1
64295 Darmstadt
www.demeter.de

Universität Kassel
Fachbereich Ökologische Agrarwissenschaften
Steinstrasse 19
37213 Witzenhausen
www.uni-kassel.de/fb11agrar

Österreich

Born mit Horn – Verein für
die Unversehrtheit und faire
Behandlung der (landwirt-
schaftlichen) Tiere
Ferrogasse 68–70/16
1180 Wien
www.bornmithorn.at

Demeter Österreich
Theresianumgasse 11
1040 Wien
www.biodynamisch.at

Über den Autor

David Hunziker, geboren 1987, ist Redaktor der »Wochenzeitung« (WOZ). Dort schreibt er über Popmusik und Gesellschaft. Seine besondere Liebe gilt dem Heavy Metal.

© 2018
AT Verlag, Aarau und München
Lektorat: Ricarda Berthold
Umschlagbild, Vor- und Nachsatz: Reto Buchli, www.horn-milch.ch
Fotos: Martin Bienerth, www.alpsicht.ch, Seite 6, 13, 101, 115, 132
   Reto Buchli, www.horn-milch.ch, Seite 34, 57, 77
Grafische Gestaltung und Satz: Verlag, Aarau
Druck und Bindearbeiten: Printer Trento, Trento
Printed in Italy

ISBN 978-3-03800-997-9

www.at-verlag.ch

Der AT Verlag, AZ Fachverlage AG, wird vom Bundesamt für Kultur
mit einem Strukturbeitrag für die Jahre 2016-2020 unterstützt.